土遗址保护材料探索

非水分散体材料研制及土遗址加固研究

周双林　著

文物出版社

封面设计　周小玮
责任印制　陈　杰
责任编辑　李　东

图书在版编目（CIP）数据

土遗址保护材料探索：非水分散体材料研制及土遗址加固研究／周双林著．—北京：文物出版社，2011.8
ISBN 978 - 7 - 5010 - 3213 - 6

Ⅰ.①土…　Ⅱ.①周…　Ⅲ.①文化遗址 - 文物保护 -
建筑材料 - 研究 - 中国　Ⅳ.①K878.04②TU746.3

中国版本图书馆 CIP 数据核字（2011）第 140471 号

土遗址保护材料探索
周双林　著

＊
文物出版社出版发行
（北京市东直门内北小街 2 号楼）
http：//www. wenwu. com
E - mail：web@ wenwu. com
北京君升印刷有限公司印刷
新 华 书 店 经 销
889×1194　1/32　印张：7.75
2011 年 8 月第 1 版　2011 年 8 月第 1 次印刷
ISBN 978 - 7 - 5010 - 3213 - 6　定价：38.00 元

序

——让我们共同来关心古遗址的保护

国内的古遗址保护工作，从20世纪50年代就已经开始，如对半坡遗址，周口店遗址，仰韶村遗址等都在发掘过程中注意保护，到后来的西安沣西西周车马坑遗址，浙江河姆渡遗址，秦兵马俑坑遗址，陕西大明宫遗址，山东临淄车马坑遗址，辽宁金牛山遗址，甘肃秦安大地湾遗址，三门峡虢国墓车马坑遗址，湖北黄石铜绿山遗址，江西景德镇瓷窑遗址等。把许多重要的遗址用保护棚或建筑盖成博物馆，但多数遗址仍暴露在野外。

经过近十年的努力，我国初步建立了大遗址保护管理体系；大遗址保护全面启动，开展了高句丽遗址、殷墟遗址、大明宫遗址、交河古城保护等一系列的保护工程。从2005年开始，财政部和国家文物局启动"大遗址保护项目"，国家每年投入2.5亿元。去年国家制定实施《"十一五"期间大遗址保护总体规划》，设立大遗址保护国家项目库，设立大遗址保护专项资金。目前已完成100项大遗址保护的规划设计，丝绸之路新疆段、西安大遗址片区、洛阳大遗址片区、大运河等重点示范项目稳步实施。

遗址的保护及利用，也得到社会各界支持。如广州市政府已在这方面做出很好的榜样，前几年在市中心繁荣的商业区工程中发现南越国宫署遗址等情况时，果断决定，不惜巨大的经济损失，停止外商投资兴建的工程项目，随后又搬迁原来的儿童公园，划出4.8万平方米的绝对保护范围。市政府在听取各方专家意见后表示，广州不缺高楼大厦，我们需要的就是这些反映广州文化特色的文物古迹。要下决心保住祖宗给我们留下引以为骄傲的珍贵资产。

也由于业务人员的积极试验研究，勇于实践，出现一些好的遗址保护典型：如汉阳陵、殷墟、大明宫、周口店、交河故城等遗址的保护与展示，得到较好的社会效益，并成为旅游热点。潮湿环境的遗址保护工程，也在进行着有益的实践与探索，如绍兴印山越国王陵遗址，萧山跨湖桥独木舟遗址、成都商业街船棺遗址、湖北曾侯乙墓遗址等。

但由于我国的历史悠久，大量的遗址随着经济建设的飞速发展，被发现、发掘。已公布的六批国家级重点文物保护单位2351处中，古遗址就有506处，如果加上古墓葬及古建筑遗迹，则已超过1000处。通过第三次文物普查，第七批名单正在申报中的古遗址数量将更为可观。

土遗址保护是一项针对性极强的实践工作，受经济发展、保护意识、地域环境条件、遗址构造特征和展示利用等诸多因素制约。因此，借鉴各学科的研究方法和相关理论，从机理上阐述病害的形成与发展，才能够很好地为土遗址的保护提供理论指导和科学依据。遗址的保护又是一项相当复杂的工程，不同地区、不同土建筑材料、不同结构形式会存在不同的破坏方式，我们不可能研制开发出一套行之四海而皆准的保护加固材料与技术，而应针对不同情况采取相应的措施。遗址保护技术在干旱、西北地区，已有许多成功的实践经验，但是，潮湿环境遗址保护仍是目前的难题。以往在展示前，未能解决好地表渗水与地下水等问题，像半坡遗址、大河村遗址、城头山遗址等一大批遗址已遭到严重的破坏。真正成功的保护工程实例，目前还不多，仍处在探索、试验阶段。

文物保护工作者目前仍处于抢救保护的被动局面，无论是人员、保护技术还是经费，都明显不足。更多遇到的是没有正常考古发掘与抢救保护的时间。

　　大遗址保护与城市建设、民生改善之间的矛盾依然存在，尤其是当遗址分布区域内居民的生产生活未能与遗址保护协调发展，经济收入和生活水平较为低下，文化遗产保护工作未能惠及当地民众的生活时，也很难得到当地民众的支持和理解。

　　对遗址的保护措施大致可归纳为五类：发掘后回填与封存保护、露天保护与展示、场馆保护、安防保护、日常维护与监测等。有些遗址的保护难度很大，如属于红山文化的辽宁牛河梁女神庙遗址，距今5000多年的建筑遗迹和土质文物一旦被揭露，壁画和泥塑很快酥碱，彩绘剥离，褪色，建筑遗迹迅速风化；湖南澧县城头山遗址中，有4500年以前的稻田遗址，一旦被揭露，在很短时间内稻茬、稻谷及田埂很快风化变成模糊不清的土状；在青海的喇家遗址，发掘出4000年前一场突发的灾难现场，一只陶碗反扣着非常清晰的面条。可惜只留下一张照片与残渣，如能与科技保护人员密切合作，做好充分准备，进行有效的检测与处理，相信会得到更多的信息和保存。

　　对新材料、新技术的应用，仍需更为慎重。尤其直接施加在遗址本体中时，要论证它对抢救并是结构性保护必需的，才予以考虑，并须经过室内、现场试验，慎重考虑施工工艺及操作步骤，取得成功经验，经过必要的论证后，才能实施。在国内外的报道中看到，有用传统方法与化学方法加固遗址的，但成功的范例也不是很多，如果其中的材料成本过高，大面积使用会有困难。在没有找到更好的保护措施之前，还是不要急于发掘，做好上部的环境治理，不让遗址的原始保存状态遭受损害。封存保护是目前的上策。但对发掘遗址回填应有一套严密科学的程序。

　　遗址本体材质的破坏机理，尚有待更深入的研究；各类保护加固材料的性能表征和保护效果检测手段尚待完善；如何对遗址保护效果的评价体系定量化和标准化等，都需要我们去研究、实践与探索。

　　在这样的严酷背景和抢救需求的形势下，作者在读博士生时，知难而上，就选择了这方面的课题，经过博士后出站，成为老师至今，持续十多年不断地在实验室、现场试验进行辛勤而有成效的钻研，终于取得了可喜成果，并对 BU 材料总结出有理、有据的学术著作。这种坚持不懈的精神，是值得我们钦佩的。

作者能在对已有加固剂存在的问题、遗址土质、加固剂性质和加固过程分析研究的基础上，研制出一种渗透能力强，加固后颜色变化不大，不泛白，表面不起壳等性能的非水分散加固材料。其耐老化、抗冻融、耐盐蚀等性能都较为理想，且成本不高。并通过各项检测与机理的探索，表明它是一种含官能团的丙烯酸树脂在有机溶剂中的胶态分散体，与土颗粒的吸附作用将土的微粒连结起来，提高了土的整体稳定性，抑制了蒙脱石类矿物的膨胀性。并在秦俑等多处遗址的初步试验，经过多年的观察证明，均取得了良好的保护效果。当然，非水分散材料是否能在某处遗址使用，读者还要根据遗址的环境、保存现状、材质性状、管理与展示要求等综合因素，考虑此材料的适用性。

在最后的总结与思考一章，是作者根据十多年的研究，理论与实践相结合的体会，发表了较为深刻的见解，也对今后的土遗址保护，提出了有益的建议。如：比较准确地介绍了当前遗址保护的现状与存在的主要问题，较全面地进行遗址病害与病因的分析，从 5 个方面考虑综合保护遗址的方法：保护房、地下隔水层、土体加固、表面防风化治理和有关现场展示的遗址保护等。

提出了一些值得讨论的问题：如过高地要求保护材料的指标，对遗址的抢救保护是否有利，眼看许多需要抢救保护的遗址得不到保护而破坏；究竟要求对遗址延年益寿还是千岁、万岁；遗址展示是否认为回填保护、上层复制是最好的办法等。

总之，文物保护加固材料是一个非常庞大、不断进化、日新月异的体系，不可能固定不变。体系进化的内在动力在于人们在理论研究与实践中，对已有材料的优点与缺点认识越来越清，肯定其优点，改进其不足，提出对优良性能材料的要求，并通过研究使理论变为现实。外在动力在于随着社会和科技的发展，人们对文物保护的观念逐渐在改变，标准越来越高，对材料的要求也越来越高。因此许多旧材料已被抛弃，许多新材料被研究出来。

此外，土遗址保护又是个长期性工作，根据情况不断处理，不能想象一次保护处理后就可以不管了。应定期进行观察，根据情况考虑提出相应的综合保护治理措施，要控制好环境的温度、湿度、保持环境清洁，切断对遗址有危害的水源，采取措施防止人为破坏等。土遗址的保护最好与发掘工作同时考虑。一旦确认具有保护意义的土遗址，就应立即采取保护措施，不要风化损坏后才想到科学保护，这样花的代价要大得多。

今后应加强大型遗址古迹保护技术的利用研究。目前需要着重在遗址的稳定加固工程技术措施、地下遗址的防渗工程技术、土体表面风化层加固技术及防霉去盐的技术、考古遗址的科学回填技术、防护加固效果的非损伤检测等方面内容进行应用性研究。此外，在遗址古迹发掘现场文物出土过程中的现场保护，显得十分必要和迫切，如何采用各种措施消除或减少各种有害因素的影响，使文物和遗址古迹的损害减少到最低限度。也就是将其他部门先进和成熟的技术、材料和检测等方法，引用到文物保护部门来，要与社会各界多学科、多专业广泛合作，综合研究共同攻克难题，这是我们共同要努力的方向。

黄克忠
2011 年初夏于北京

摘　　要

　　我国有很多文化遗址，这些遗址分布在各地，从东到西、从远古到近代，其中土遗址占据很大比例。西北干旱地区有许多古城、长城、烽燧和寺院遗址，如交河故城、汉长城遗址，居延烽燧等；而华北地区有许多故城遗址墙和考古遗址。由于处于自然环境中保存困难，因此我国的土遗址多处于病害严重的状态。土遗址的病害有风化、干裂、垮塌、生物生长等；导致土遗址病害的原因也多种多样，气候变化，生物生长，地下水，洪水，地震等，人为影响也不能忽略。

　　由于破坏原因多样，在土遗址的保护中需要使用多种的技术手段，如临时的支护修补、防止地下水破坏的隔水措施、杀灭和控制遗址上生物生长的物理和化学措施等。

　　在土文化遗址的保护中土遗址防风化是一个难题。土遗址的风化是构成土遗址的材料土在自然因素作用下导致的破坏，表现为强度降低、表面酥粉和局部出现缺失等。风化导致文化遗址形态改变，所承载的文化信息丢失。

　　防止土遗址的风化可采取多种手段，其中化学保护是一种有效手段。化学方法是采用各种材料对土体进行渗透加固以提高其抗风化能力。目前使用的加固剂有无机盐类、有机硅类、有机树脂类、胶体类和乳液等。

　　本书在对土遗址的病害调查和原因分析的基础上，初步总结了土遗址的保护历史，然后对各种常用的材料进行了总结评价：有些加固剂易导致表面泛白现象；有些加固剂易产生颜色加深、表面结壳现象。优秀的加固剂要求渗透深、处理后不改变文物原貌，并提高耐风化能力。

在对已有加固剂存在的问题、土的性质、加固剂要求和加固过程分析研究的基础上，提出非水分散体材料使用的可能，并找出了简易的制作方法。该材料是一种含官能团的丙烯酸树脂在有机溶剂中的胶态分散体。这种材料渗透能力强、加固后无颜色加深、泛白和表面结壳等现象。

探讨了材料制作中不同的原料和制作工艺对材料制作的影响，通过对材料耐老化性能的测试，证明其具备较好的耐老化能力。

材料的土样加固试验证明这种材料具有良好的加固能力。将该材料处理的土样参照国外加固材料选择的方法进行各项性能测试，证明土样色泽变化很小或者不改变，孔隙率变化很小，耐水性优异，并具较好的耐冻融性与耐盐破坏能力。

通过对加固剂黏度、渗透速度、材料在土中分布的研究，对保护材料在土体中的渗流机理进行了探讨。

在研制出第一代的加固材料后，又进行了二代材料的研制，并提出了多种改进加固效果的方法，如更换溶剂，使用复合溶剂等。

在室内效果检验有效的基础上，对材料的现场制作和现场使用工艺进行了探讨，提出了简便易行的制作方法和施工工艺，并在一些遗址点进行了试验和应用。

非水分散体材料不仅可以用于加固土遗址，也可以使用于彩绘的加固保护，这在几个遗址出土的彩绘的保护中证明可用。

对使用非水分散体材料复制考古遗址的剖面也进行了研究，证明了材料的可用性。

关键词：土遗址　防风化　加固剂

目　　录

第一章 土遗址保护的历史、方法与材料

第一节 土遗址的概念、病害与保护

一 土遗址的概念

土遗址是指人类活动遗留下的由土建成和以土为主的遗迹和遗物。这些遗迹和遗物包括房屋、夯土台基、城墙、窖穴、窑炉、粮仓、土构墓葬等。

土遗址的种类较多，根据不同的分类方法，可以有许多种类。可分为地上的与地下的，地上的如房屋，城墙等，地下的如墓葬，车马坑等。室内的与室外的；干燥的与潮湿的；密实的与疏松的。从技术上还可以按土的成分、结构来分类。

自人类诞生以来，生存与脚下的大地息息相关。特别是旧石器晚期以来，人类掌握了农业生产技术，并开始了聚落生活以后。人们利用土地种植农作物，用土构造窑炉并从土中精选陶土制造陶器，用土构筑房屋以遮风挡雨。由此以来，人类用土构筑建筑物未曾间断，至今人们仍然把土坯建筑作为一种适用的居住形式。因此，世界各地都有这样的土构建筑及建筑遗迹分布。几个古代文明中心的发源地如尼罗河流域、两河流域、北美洲印第安人居住区、南美洲玛雅人的居住区等地都有许多土构建筑的遗存。

我国境内土遗址众多，分布较广。近几十年来，随着考古发掘工作的进行，许多各个时期的遗址被发掘、研究，其中部分具有重要历史价值、科学价值、社会教育价值的古遗址在发掘后被现

场保存，建立遗址博物馆并对外开放。例如郑州大河村遗址、西安半坡遗址、宝鸡北首岭遗址、秦安大地湾遗址等。另外还有许多有价值的遗址因条件限制只能在野外保存，例如新疆交河古城。

二　土遗址的风化

土遗址由于本身构成材料结构松散强度低、容易造成破坏，而历经长期的自然因素作用，多出现风化现象。

土遗址的风化现象在我国的各地遗址都有出现。如郑州大河村遗址，新郑韩国故城马坑遗址，大河村遗址的红烧土出现粉状脱落的现象，而韩国故城的一些车马坑也出现坑壁粉脱落的现象；秦汉时期的秦始皇兵马俑一号坑遗址和铠甲坑遗址，风化以铠甲坑的最为严重；西部的吐鲁番交河故城，瓜州锁阳城遗址，这些西部遗址的风化主要发生在根基的部位；一些窑址如景德镇御窑遗址、钧窑遗址和定窑遗址等也出现风化现象，窑的风化多是红烧土的风化，风化情况见图版1、2。

三　土遗址保护的重要意义

土遗址作为文物具有科学性、历史性、艺术性，但没有可再生性，一旦被破坏就成为永久性损失，所以应尽可能长期地保存它们的原状以便进行研究、展出。

对土遗址这类不可移动文物进行保护困难较大，因为对于可移动文物，我们可把它们与有破坏作用的因素隔开，而对于土遗址要隔开环境因素如地下水、盐分等要困难得多。因为我们无法选择土遗址所处的地理环境，所以对大多数遗址控制环境是困难的。然而土遗址作为由土组成的构造物，有着对环境非常敏感的特点，尤其是水的作用。水可以使土遗址在短时间内破坏，即使是比较干燥的地区，水的作用也不可忽视。另外，土壤中可溶盐的破坏作用也非常大。通常情况下，各种破坏因素协同作用，可在短时间内使土遗址面目全非，因此土遗址的保护是文物考古部门非常重视的一个课题。从目前的文物保护研究来看，土遗址保护所做的研究工作不多、方法少，与目前土遗址保护问题多，迫切需要保护技术的要求相差甚远。

　　我国土遗址很多，许多土遗址的状况较差，亟待保护。为了保留这些具有历史文化价值的人类遗产，应采用各种方法与手段。在土遗址保护研究中找到好的保护方法，将对保护大批濒临破坏的土遗址，推动文物保护的理论研究与实际工作都有很大意义，同时也是我们这一代文物工作者的责任与使命。

第二节　土遗址保护的保护历史与现状

一　土遗址保护的历史

　　世界范围内，具有近代意义的科学的文物保护可以说是开始于 19 世纪晚期，而文物的科学保护最初起源于器物与石质古建筑的保护，土遗址的保护相比较晚，工作也较少。上世纪 60 年代以前，只有零星的研究，如 1913 年采用醋酸纤维素对土遗址的保护[①]，真正意义上的土遗址保护开始于上世纪 60 年代以后。

　　目前国际上古遗址保护研究的主要机构是 ICOMOS（International Council on Monuments and Sites）。另外，设在意大利的 IC-CROM 与美国的 Getty 研究所等机构对土遗址的保护也有研究。

　　国际上有关土质构造物及遗址保护的国际会议已经召开了多次。

　　国内土遗址保护工作开展较晚，20 世纪 80 年代末才开始在少数几个地方进行土质科学保护研究试验[②]。

　　2000 年美国 Getty 研究所发表了在新墨西哥州 Fort Selden 进行的土遗址保护工作的报告[③]。报告中内容很广，包括土遗址病害分析、监测及采用各种材料控制土遗址风化的工作。

---

　　①　C. V. Horie：Materials for Conservation ：Organic Consolidants, Adhensives and Coatings. Butterworth，1987.

　　②　黄克忠：岩土文物建筑的保护。北京：中国建筑工业出版社，1998，10（第 1 版），第 9 页。

　　③　Fort selden adobe wall project ，phase 1 final report，June 2000.

李最雄等采用 PS 材料进行的"古代土建筑遗址加固研究"课题获得 1999 年国家文物局科技进步奖。

和玲等发表了采用丙烯酸树脂 Paraloid B—72、Remmers 公司的 Remmers 300 、武汉大学有机硅研究中心研制的 WD—10 等在半坡土遗址进行的保护试验①。

周红卫、梁宏刚等发表了采用环氧树脂做土遗址保护材料的报告②。

国际方面，ICOMOS 组织召开了 Terr 2000 的土遗址保护会议，并决定在 2003 年召开另一届土遗址保护会议。会议论文中，有很多有关土遗址防风化保护的文章发表。

二 土遗址保护的方法

根据对国内外土遗址保护的现状调查，土遗址的保护有几种方法：

1. 回填法：遗址在发掘完成、照相记录后进行回填，以便日后重新研究和展示。

2. 复制法：回填后在遗址上建立与原文化遗址相似的构造物，以供人参观游览。

3. 表面补砌包埋法：在遗址表面加一层修补材料，以使遗址能够得到相应的保护，如在新石器时代的土遗址上加一层与其成分相同的土层，而在砖石建筑破坏后的土遗址上依照原样包覆一层砖石。这种方法在世界各地比较通用，可见于西亚地区土遗址的保护中。

4. 原地展出法：完成发掘工作的遗址保留原状，建立遗址博物馆或陈列室，供人们参观游览、研究欣赏。

---

① 和玲，甄广全，周伟强，郝利民：半坡土遗址加固保护研究。陕西省文物考古工程协会成立十五周年纪念论文集，考古与文物丛刊第五号，第 98~107 页。

② 周红卫，张炜，梁洪刚等：土质文物加固保护用改性环氧树脂的研制与应用，第 6 届化学与文物保护学术讨论会，泉州，2000，11。

对土遗址来说，影响安全的因素即对遗址稳定有影响的因素包括日照、雨淋、风吹沙打、温湿度变化、可溶盐、降尘、霉菌等。因此遗址保护需要采用多种方法手段，包括防雨、防风沙、防地下水、防坍塌及防止表面风化。本书着重讨论土遗址防风化的问题。

在以上四种土遗址保存方法中，涉及防风化保护的主要是原地展出法，因为前两种方法使遗址重新回到它原来的环境。在回填后，遗址的环境将不再发生较大的变化，各种因素相对稳定。第三种方法在表面加一些材料以防止破坏，有时也需要进行一些化学保护来防水与加固。第四种方法与化学保护关系密切，由于发掘后环境因素与发掘前不同，而且这些因素变动频繁，遗址在这些变动的影响下，也将发生相应的变动，这种变动很容易造成遗址的破坏，尤其是风化现象。风化直接破坏了遗址所承载的人文信息，所以这些遗址需要一些维护措施，防止遗址构造材料的风化是重要的方面。

三　防风化保护的情况

土遗址的风化表现为遗址的表面在各种环境因素的作用下，土体颗粒结合力减弱或消失，颗粒间距加大以至脱落，使遗址表面减薄、形貌改变，由此造成承载文化信息的表层破坏的现象。

各种环境因素包括温度、湿度、水分、可溶盐、气体污染物、霉菌、动植物等，它们均能引起土遗址的风化。

对土遗址进行防风化保护研究是文物保护工作中的一个重要方面。

文献上可见的土质构筑物及纪念物的防风化保护工作与研究，基本是以西方现代的文物保护方法及思想来保护古代文明的遗物与遗迹，如美国 Getty 研究所对美国新墨西哥州印第安人故居的保护研究，意大利专家对伊拉克境内土坯建筑的保护研究等。

这些防风化保护工作所用的材料主要有：有机硅材料、丙烯酸树脂及醋酸乙烯树脂、有机聚合体系如聚氨酯、聚甲基丙烯酸甲酯、有机乳液等。其使用对象主要是比较干燥的遗址与遗迹，从目的上讲是进行加固与防水。潮湿土遗址的保护比干燥土遗址保护困难，因为一些在干燥土遗址上可用的材料，用到潮湿对象时就比较困难。

对潮湿土遗址保护的例子是日本国立文化财研究所对一处遗址（YOKOHAMA）的保护，采用有机硅低聚物与其他材料复合来防止土遗址内的水分挥发，使其处于潮湿状态以保护土遗址①。这种保护土遗址的方法，从照片上看来效果较好，难点是如何防止潮湿情况下土遗址的生霉问题。

土遗址防风化保护的工作很多，举例如下：

1. 国外的工作

（1）1969 年 Giacomo Chiari 等人在伊拉克某遗址（Seleucia and Hatra）采用正硅酸乙酯—乙醇体系，聚醋酸乙烯酯和丙烯酸树脂（注射）等对风干砖的保护②。

（2）1975 年秘鲁采用正硅酸乙酯与乙醇混合体系处理土坯建筑的表面③。

（3）上世纪六七十年代日本采用甲基丙烯酸树脂加固土质④。

（4）日本学者采用聚氨酯树脂保护古墓⑤。

（5）美国 Getty 研究所在美国新墨西哥州（Fort Selden，

---

① 东京国立文化财研究所概要，1993，第 17 页（英文、日文版）。

② 6th International Conference on the Conservation of Earthern Architecture, Las Cruces, New Mexico, U. S. A., October, 14－16, p267, p270.

③ 中国对外翻译出版公司：文物保护中的适用技术。北京 1985，6（第 1 版），第 109 页。

④ 刘林学，张宗仁等：古文化遗址风化机理及其保护的初步研究。文博，1988，6，71～75。

⑤ Daiichi Kogyo Seiyaku Shaho. 1975, 382, 15～21（Jp）. CA88：135630t.

New Mexico）的印第安人遗址附近进行的土遗址保护材料的评价试验，采用硅酸乙酯，丙烯酸树脂和聚氨酯进行加固试验①。

（6）Fatma M. Helmi 对埃及两个古遗址（Abu—Sir and Mataria）的加固保护，采用了四乙氧基硅烷、甲基三乙氧基硅烷、甲基丙烯酸甲酯—丙烯酸丁酯共聚物（效果不好）进行的试验②。

2. 国内的工作

（1）上世纪 50 年代刘致和对西安半坡遗址做过加固性研究工作③。

（2）单玮等采用丙烯酸树脂对秦始皇兵马俑炭化遗迹的保护④。

（3）刘林学等采用有机硅单体、低聚物、高聚物等材料对秦俑弩弓迹、车轮迹、西安半坡部分土遗址、西安老牛坡商代古墓群中车马坑的保护⑤。

（4）李最雄采用 PS 材料对一些土遗址的保护与试验。这些遗址是：甘肃秦安大地湾遗址⑥，三门峡车马坑，洛阳含嘉仓遗址。

（5）洛阳龙门石窟文保所对含嘉仓表面土层进行的防风化加固试验⑦。

---

① 6th International Conference on the Conservation of Earthern Architecture, Las Cruces, New Mexico, U. S. A. , October, 14－16, p248, p250, p255, p267.

② 6th International Conference on the Conservation of Earthern Architecture, Las Cruces, New Mexico, U. S. A. , October, 14－16, p277.

③ 刘林学，张宗仁等：古文化遗址风化机理及其保护的初步研究。文博，1988，6，第71~75页。

④ 单玮，张康生，刘世勋：秦俑一号坑炭化遗迹的加固，秦俑学研究，西安：陕西人民教育出版社，1996，8（第一版），第1384~1387页。

⑤ 张宗仁，樊北平等：几处商秦土遗迹的保护，秦俑学研究，西安：陕西人民教育出版社，1996，8（第一版），第1379~1383页。

⑥ 李最雄：古代土建筑遗址的加固研究。李最雄石窟保护论文集。兰州：甘肃民族出版社，1994，8（第一版），第255~266页。

⑦ 黄克忠：岩土文物建筑的保护。北京：中国建筑工业出版社，1998，10（第一版），第9页。

（6）黄克忠等采用硅酸钾以甲基三乙氧基硅烷为添加剂，对克孜尔石窟（胶结很差的砂岩）的保护[①]。

（7）庞正智采用乳液复合物进行加固交河古城土样的试验[②]。

第三节　土遗址的风化机理与保护材料

一　土遗址的风化机理

有关土遗址的风化机理的论述，可见于一些保护研究的文献中。国外的文献[③]不多，有关风化机理常在土遗址保护文献中简单论述。

国内关于土遗址风化机理的讨论，可见张万学[④]，刘林学[⑤]，贾文熙[⑥]，张志军[⑦]等的论述。

综合以上文献，影响土遗址风化的因素包括内因与外因。内因是土遗址本身的组成与性质，外因是指土遗址的环境因素，现分述如下：

（1）土遗址的组成与性质：土的成分有各种矿物如石英、

---

①　Huang Kezhong, Jiang Huaiying, Cai Run, Feng Lijuan: The weathering characterics of the rocks of the Kezier grottoes and research in to their conservation. 6th International Conference on the Conservation of Earthern Architecture, Las Cruces, New Mexico, U. S. A., October, 14 – 16, p283.

②　庞正智：加固交河古代遗址裂缝。文物，1997，11，第88～91页。

③　6th International Conference on the Conservation of Earthern Architecture, Las Cruces, New Mexico, U. S. A., October, 14 – 16, p269, p280.

④　张万学，半坡遗址风化问题浅析，文博，1985，5，第54～56页。

⑤　刘林学，张宗仁等：古文化遗址风化机理及其保护的初步研究。文博，1988，6，第71～75页。

⑥　贾文熙：土质文物的风化机理与保护刍议。文物养护与复制适用技术，西安，1997（第一版），第143～155页；中国文物修复通讯，第11期。

⑦　张志军：秦兵马俑文物保护研究。西安：陕西人民教育出版社，1998（第一版），第104～106页。

高岭石、长石、蒙脱石、绿泥石以及有机质等。土是由这些成分经过无机与有机物的作用形成的、由大小不同的颗粒形成的复杂的多层次结构。这种结构很易受外界因素的影响。例如在吸水潮湿或受热时，各种矿物微粒膨胀程度不同，产生应力，容易造成结构的破坏。尤其是蒙脱石对环境因素比较敏感，潮湿或有水时，很容易吸水膨胀。土的胶结物如可溶盐及有机物在水作用下溶解，造成土壤结构的破坏。土的微观结构对风化也有影响，例如土的孔隙结构与孔径分布。孔径不同，对水分的吸收和挥发能力不同，对结冰和盐结晶的抵抗能力也不同。

（2）温度变化：地表的温度通常都要经历日变化与年变化等周期变化。常规下物体热胀冷缩，这种变化随着温度的周期变化而变化。对于土遗址，这些变化产生的土体的胀缩应力，必然导致稳定性的下降，具体表现为开裂，脱落等。另外，由于温度传导的梯度，产生内外张力，破坏也很大。这种现象在土遗址暴露于自然环境中时非常强烈，即使遮盖建筑也只能缓解这种破坏。温度低于冰点时还导致水分结晶的破坏。

（3）水分：水分的作用有以下几个方面。

a. 水在土壤毛细管内的迁移运动，产生毛细压力，对管壁产生破坏；低温下在土壤毛细孔中结晶，体积膨胀，对孔壁产生很高的压力，造成土体的破坏；

b. 地下水的毛细上升造成可溶盐向表面的迁移与富集；

c. 水可以造成黏土颗粒的膨胀以及机械强度的降低[①]；

d. 水分可以溶解对土壤微粒有黏结作用的物质，从而导致土壤崩解；

e. 霉菌在含水高的土遗址上容易生长等。

（4）湿度变化：空气中湿度的变化是土壤表面风化的重要

---

① 6th International Conference on the Conservation of Earthen Architecture. LAS Cruces, New Mexico, U. S. A. October 14 –16, 1990. （PREPRINTS），pp267 ~276.

影响因素。通常情况下，白天湿度低，晚上湿度高，温度低于露点时，水分会在土壤表面冷凝，低于 0℃ 时冷凝水在土表面结冰，由于表面张力和结晶压力，造成土体表面风化破坏；湿度的循环变化可使迁到表面的可溶盐反复溶解结晶，产生破坏作用；高的空气湿度还可以促进霉菌的生长繁殖。

（5）可溶盐：可溶盐在水的作用下，在土体内迁移运动，根据条件的不同，可迁移到土体表面结晶，造成土表面结构的破坏及表面外观的改变；也可在土体内部富集结晶，造成空鼓、开裂、表层脱落（但均匀分布的可溶盐也有一定固结土体的能力）。

（6）气体污染物：气体污染物包括二氧化硫、二氧化碳、氮氧化物等，可以被吸附能力强的土微粒所吸附，并与水作用形成酸、碱或盐；或者直接在空气中变为酸碱盐溶液的微粒，再吸附到土体表面，破坏矿物及胶结物，并产生膨胀能力较大的结晶，导致土体的风化。

（7）降尘：降尘包括矿物微粒、工业粉尘、孢粉、霉菌等。降尘的破坏在于：

a. 掩盖土体表面，改变其外观；

b. 带来可溶盐；

c. 带来霉菌；

d. 增加机械磨损的机会。

（8）霉菌：霉菌的生长改变遗址的面貌，对土体表面产生机械破坏，霉菌在生长过程中产生一些有破坏作用的酸性分泌物，破坏土壤的结合物。

（9）动植物：动物如蝼蛄、白蚁、蚂蚁等，在土遗址内营穴生存，草类在土遗址表面的生长都有破坏作用。

（10）风沙：暴露于自然界的土遗址，特别是在西北干旱地区的土遗址，多受风沙的破坏作用。风的压力、沙子的撞击与摩擦，对土体表面都有破坏作用。

（11）震动：来自地震、工程施工、交通等方面的震动对土遗址有危害。表现在使表层颗粒脱落、土体开裂坍塌、结构不稳。

通常情况下，各种对土遗址有破坏作用的因素是协同作用的，在这些因素中水的作用很大，没有水以上许多因素都难以起作用。

二 土遗址的加固保护材料

从文献看，土质建筑物保护的方法很多，基本上与其他种类文物保护所用的方法相似。但也有其特点，表现在注重加固、防水。加固方面有机械法如支护、锚杆等，以及化学加固。防水的方法有遮雨棚、土工织物、地下排水管道以及表面防水处理。以下仅讨论化学防风化加固材料。

文献中常见的防风化加固材料有：

1. 石灰水[1]

这种材料在英国使用较多。制备方法为生石灰加水搅拌，然后滤去不溶物，溶液可用来对土质或石材进行加固。所制得的溶液浓度一般很低，为 0.022mol/L〔碳酸钙的溶解度为 6.5×10^{-4} mol/L，溶度积 $K_{sp} = 2.9 \times 10^{-9}$（18~25℃）〕，必须多次喷涂施工，才能有效。

2. 氢氧化钡溶液

氢氧化钡溶液与氢氧化钙相似，氢氧化钡的溶解度为 0.23mol/L，大于氢氧化钙〔碳酸钡的溶解度 10^{-4}mol/L，溶度积 $K_{sp} = 5.1 \times 10^{-9}$（18~25℃）〕。

3. 钾水玻璃

水玻璃是一种碱性金属（钠或钾）的硅酸盐。一般分子式为 $Me_2O \cdot nSiO_2$，式中 Me 代表碱金属。水玻璃类材料广泛用于建筑工程中的地基灌浆处理[2]，文物保护工作者根据文物保护的

---

[1] Pearson, Gordan T., Conservation of Clay and Chalk Buildings, London. 1992. p154.

[2] 裴章勤、刘卫东著：湿陷性黄土地基处理。北京：中国铁道出版社，1992（第一版），第 168~224 页。

要求对它进行改造，并用于文物工作中。

使用时一般要对水玻璃进行一些改性，以提高其性能指标。

李最雄[①]采用模数为 4.0 的硅酸钾，配合氟硅酸钙，制造方法简单，加固岩土体效果良好。

4. 丙烯酸树脂

丙烯酸树脂是丙烯酸酸类单体在引发剂作用下形成的聚合物。丙烯酸树脂因其优良的耐候性使用广泛，在文物保护方面被用做加固剂、粘结剂和表面封护材料，并用于多种文物的保护[②]。

使用的牌号有：

Paraloid B—72[③]：甲基丙烯酸乙酯—甲基丙烯酸共聚物。

Acryloid F—10[④]：甲基丙烯酸丁酯的聚合物。

Acryliod A—21[⑤]

丙烯酸树脂的溶剂有多种，如苯类、酮类、酯类、氯代烃等。

5. 甲基丙烯酸甲酯类灌浆材料[⑥]

采用甲基丙烯酸酯类单体，加入引发剂、促进剂、除氧剂、阻聚剂等，注入土体内，使其在土体内聚合。

6. 聚氨酯[⑦]

---

① 6th International Conference on the Conservation of Earthern Architecture, Las Cruces, New Mexico, U. S. A. , October, 14—16, p296.

② C. V. Horie, Materials for Conservation ：Organic Consolidants, Adhensives and Coatings, Butterworth, 1987.

③ 6th International Conference on the Conservation of Earthern Architecture, Las Cruces, New Mexico, U. S. A. , October, 14 – 16, p180, p450.

④ 6th International Conference on the Conservation of Earthern Architecture, Las Cruces, New Mexico, U. S. A. , October, 14 – 16, p275, p276.

⑤ 6th International Conference on the Conservation of Earthern Architecture, Las Cruces, New Mexico, U. S. A. , October, 14 – 16, P259, p292.

⑥ 熊厚金，胡一红，张展：高分子灌浆防水加固技术对沙土层文物的原位保护。文物科学技术成果应用指南，国家文物局文物一处编，第 39 页。

⑦ 6th International Conference on the Conservation of Earthern Architecture, Las Cruces, New Mexico, U. S. A. , October, 14 – 16, p250, p255.

聚氨酯类材料在文物保护方面也有多方面应用。

聚氨酯类材料是一种广泛用作涂料、胶粘剂、化学灌浆材料的有机材料。它是由异氰酸酯和多元醇类物质进行缩聚反应形成的。目前所用的异氰酸酯种类很多，如甲苯二异氰酸酯（TDI）、二苯甲烷二异氰酸酯（MDI）、多亚甲基多苯基多异氰酸酯（PAPI）等。所用的多元醇类材料包括聚酯类、聚醚类、丙烯酸树脂类等。聚氨酯类品种较多，各个品种的性能也有差异，在文物保护中使用时多选用耐久性好的品种，并兼顾其他使用性能。

在土体保护中使用过的材料有：

改性聚氨酯[1][2]。

DN—3390TM[3]：HDI衍生的预聚物，浓度90%，溶剂为芳香烃—乙酸正丁酯，稀释剂为二甲苯—丁酮（2:1）。

7. 有机硅材料[4]

有机硅类材料在文物保护中的应用很多，包括正硅酸乙酯和甲基三乙氧基硅烷（TEOS/MTEOS）、有机硅低聚物和高聚物、有机硅乳液等。

在土遗址保护中使用的材料及牌号有：

Conservare H和Conservare OH：主成分为正硅酸乙酯，溶剂为丙酮—丁酮。

Conservare Stone Strengthener HTM（SS—H）：TEOS + MTEOS

---

① STEEN, C. R. (1971), Some recent experiments in stabilizing adobe and stone. Conservation of Stone. IIC, pp59~63,

② SAWADA, M. (1981) A new technique forthe removal of stratigraphical *sections* in archaeolo*gy*. In ICOM（1981）81/21/4)

③ 6th International Conference on the Conservation of Earthern Architecture, Las Cruces, New Mexico, U. S. A. , October, 14－16, p250.

④ 6th International Conference on the Conservation of Earthern Architecture, Las Cruces, New Mexico, U. S. A. , October, 14－16, p180, pp243~260, pp267~273, pp277~282, pp371, pp449~454.

Conservare Stone Strengthener OHTM （SS—OH）：TEOS

Wacker Strengthener OH：成分为正硅酸乙酯，溶剂为甲苯，加有催化剂。生产厂家为 Wacker—chemie GmbH.

SILESTER ZNS：部分聚合的正硅酸乙酯，$n = 10$，生产厂家为美国孟山都公司。

国际上生产有机硅的著名企业有 Wacker 公司、Remmers 公司等。

8. 有机树脂乳液[①]

有聚醋酸乙烯酯乳液、聚丙烯酸树脂乳液等，制造方法为乳液聚合法。乳液聚合是由单体和水在乳化剂作用下配制成的乳状液中进行的聚合，体系主要由单体、水、乳化剂及溶于水的引发剂四种基本组分组成。经过聚合后形成的是分子量很高的聚合物微粒，粒径在几微米到几十纳米之间。这些微粒不溶于水，而是通过乳化剂的作用分布于水中。聚合物乳液的品种牌号很多，其性能差别也很大。

在文物保护方面使用过的有：

UCAR 365 （R）[②]：乙烯—丙烯酸的共聚物乳液。

Acrysol WS—24[③]：一种具有极细颗粒的高分子量的丙烯酸聚合物，分散于水中。具有优良的物理化学性能，黏度极低，有利于渗透，固化后具有可逆性。使用时采用4%的浓度，使用于风化非常厉害的部分，渗透快。

[①] Ciacomo Chiari：Chemical Surface Treatment and Capping Techniques of Earthern Structures. 6th International Conference on the Conservation of Earthern Architecture, Las Cruces, New Mexico, U. S. A. , October, 14～16, pp268～276.

[②] Ciacomo Chiari：Chemical Surface Treatment and Capping Techniques of Earthern Structures. 6th International Conference on the Conservation of Earthern Architecture, Las Cruces, New Mexico, U. S. A. , October, 14－16, p276.

[③] 6th International Conference on the Conservation of Earthern Architecture, Las Cruces, New Mexico, U. S. A. , October, 14－16, p293.

　　Primal AC33[①]：甲基丙烯酸甲酯与丙烯酸乙酯（60：40）的共聚物。Rohm & Haas 公司生产。

　　Airflex 510 （R)[②]：乙二醇二乙酸酯—醋酸乙烯酯的共聚物乳液。

　　目前丙烯酸树脂乳液的品种与产量逐步增加，国外如 Rohm & Haas 等公司生产的品种很多。国内如东方化工厂的乳液性能也比较好。

　　9. 加固剂的复合使用

　　在很多情况下，不同种类加固剂可以混合使用，目的在于发挥二者的优点，提高加固效果。例如丙烯酸树脂 B—72 和有机硅单体 TEOS 的复合使用[③]，PS 材料与有机硅材料的混合使用[④]。

　　土遗址保护材料保护效果不仅与材料有关，还与施工工艺有关，错误的使用方法可能使好的材料起不到应有的作用，并产生不良后果。

　　土遗址保护材料的使用方法有：a. 喷涂法；b. 滴注法；c. 顶部下渗法；d. 钻孔注入法等。

　　三　现有土遗址保护材料的优缺点

　　土遗址防风化所使用的材料种类多，性能差异大。在对多种材料进行比对后，发现各种材料都有其优缺点，叙述如下：

---

　　① Ciacomo Chiari: Chemical Surface Treatment and Capping Techniques of Earthern Structures. 6th International Conference on the Conservation of Earthern Architecture, Las Cruces, New Mexico, U. S. A. , October, 14 – 16, p268.

　　② 6th International Conference on the Conservation of Earthern Architecture, Las Cruces, New Mexico, U. S. A. , October, 14 – 16, p276.

　　③ Tiri Sramek and Ludvik Losos: Outline of Mud – brick Structures Conservation at Abusir Eaypt. 6th International Conference on the Conservation of Earthern Architecture, Las Cruces, New Mexico, U. S. A. , October, 14 – 16, p450.

　　④ 6th International Conference on the Conservation of Earthern Architecture, Las Cruces, New Mexico, U. S. A. , October, 14 – 16, p283.

1. 氢氧化钡、氢氧化钙溶液

优点：加固后不堵塞孔隙，不妨碍水分迁移，浅层加固强度高，成本低，钙钡两者的不同之处是碳酸钙有微弱的溶解性而碳酸钡几乎不溶解。

缺点：在于渗透深度不够，一般情况下只有几个厘米。碳酸盐结晶时一般呈无定型状态，加固作用较弱[1]。碳酸钙在结晶后还会有晶型转变现象，造成破坏，而碳酸钡则无此现象。

另外，由于溶液的浓度难以提高，故而一次加固强度不够。需要每天喷涂，并施工多日才能见效。在使用过程中墙体要饱水，易使建筑物处于不稳定状态，产生结构破坏[2]。

二者的共同特点是渗透不深，处理后表面易泛白。

2. PS 材料

优点：加固强度高，耐候性好，价格低廉，制造容易，施工方便。

缺点：对潮湿的被加固材料效果不好，难以渗入，并且易产生泛白现象[3]。

3. 有机树脂溶液

丙烯酸树脂溶液，由于易产生溶质的回迁现象[4]（溶质随溶剂渗入被加固材料，并随溶剂挥发移向表面），难以进行深层加固。聚合物易在表面富集，溶剂挥发后，产生表面颜色加深现象，并形成表面结壳。这种聚合物的膜可以产生以下不利影响：阻止土质内部的水分以液态和蒸气状态向外迁移，致使水分在内

① C. A. Price, Stone Conservation, The Getty Conservation Institute, 1996, p18.

② Pearson, Gordan T., Conservation of Clay and Chalk Buildings, London. 1992. p154.

③ 秦俑坑土遗址保护课题组，秦俑坑土遗址的研究与保护，秦俑学研究，陕西人民教育出版社，1996，8（第一版），第 1388～1404 页。

④ 6th International Conference on the Conservation of Earthern Architecture, Las Cruces, New Mexico, U.S.A., October, 14－16, p268.

部富集。因为壳的热膨胀系数与内部不同，在冷热交替的收缩膨胀过程中因张力而开裂。另外，对潮湿的加固对象，难以使用①。

4. 有机硅单体、预聚体与高聚物

优点：加固后不改变原貌，耐水（聚合后含有机基团的还可拒水），加固强度高（如正硅酸甲、乙酯水解）低（有机高聚物）不同，渗透深度也不同，与聚合度成反比，单体渗透好，高聚物渗透比较困难。加固与防水效果优秀，是目前研究比较成熟，世界各地通用的加固材料。

缺点：价格高；单体毒性较大，施工过程中对操作人员的危害较大。硅酸乙酯单体水解体系在有水的对象上使用时，过多的水分使材料水解多于聚合，形成脆弱，粗糙的表面②。湿度低时固化速度慢，固化时间较长。

5. 聚氨酯树脂

黏度低，渗透速度高，可进行深层渗透，加固强度较高，耐水好。

缺点：导致表面颜色改变，耐老化性能差。材料本身有一定的毒性，在施工过程中对操作人员危害较大，使用后有毒成分残留时间较长。

6. 丙烯酸单体聚合体系

优点：渗透能力好，渗透深，加固强度高。

缺点：施工时聚合时间不易控制，必须在无氧的环境中施工，除氧添加剂选择困难；聚合体强度过高，易使内外产生应力，有违保护原则；聚合后有收缩；加固体系在未聚合时气味不

---

① 6th International Conference on the Conservation of Earthern Architecture, Las Cruces, New Mexico, U. S. A. , October, 14 – 16, p268.

② 6th International Conference on the Conservation of Earthern Architecture, Las Cruces, New Mexico, U. S. A. , October, 14 – 16, p270.

好，有一定毒性。

7. 有机乳液

包括各种树脂乳液，如聚醋酸乙烯乳液，聚丙烯酸树脂乳液等。

优点是加固效果好，加固后颜色基本不改变。

缺点：渗透深度不够，容易在土表面积聚，即使采用非常小的颗粒、较低的浓度，也不易渗透[①]。水做载体易造成被加固材料的破坏（通过降低材料的机械强度）。另外，乳液中含有的乳化剂容易造成树脂的老化，例如通过氧化造成树脂链的断裂，或者与树脂链产生交联。这种材料不宜在表面使用，一般做修补材料。

以上对各种土遗址防风化加固剂的优缺点进行了简要论述。

许多文物保护研究的文献中，都在对各种可能用于土遗址防风化保护的材料进行应用性能评价，对材料性能了解越深，提出的要求也越多，这推动了材料的研究，在国外一些化工公司专门按照文物保护的要求生产可用于文物保护的材料。随着材料科学的发展，应该有更多性能优良的文物保护材料出现。

---

① Ciacomo Chiari: Chemical Surface Treatment and Capping Techniques of Earthern Structures. 6th International Conference on the Conservation of Earthern Architecture, Las Cruces, New Mexico, U. S. A. , October, 14 – 16, p268, 274, 293.

第二章　防风化加固剂的研制

第一节　现有加固剂优缺点的讨论

前面已对国内外土遗址加固剂的优缺点进行了初步评价。在本研究前期，曾对部分土遗址（秦俑、西安半坡、禹县钧窑、郑州大河村等）的风化及加固保护情况进行调查。另外，为了验证文献中各种材料的应用效果，找到效果良好的加固材料，对部分加固剂进行了试验，包括：正硅酸乙酯、丙烯酸树脂（如 Paraloid B—72 以及国产丙烯酸树脂）、聚氨酯树脂、丙烯酸树脂乳液、苯丙乳液等。此外还对一些有应用前景的材料的应用进行了探索。

对这些材料使用效果的检验是将它们分别对秦俑土块、粉土进行滴注或从下部上渗处理，待固结后检查加固效果。试验结果与文献中叙述的相似。某些材料由于品种的不同或技术的发展，其结果与文献所表述的不同。

为了探讨加固工作中出现问题的原因，做了如下一些试验。

一　证明有机树脂迁移的试验

文献中指出，有机树脂溶液的最大缺陷是表面富集。试验中也发现经 B—72 树脂溶液加固的土样表面色深，强度提高。但切开后放在水中，内部的土迅速崩解，仅表皮呈壳状残留。造成这种现象的原因文献[①]中认为是有机树脂的反迁，为了进一步证

---

① 6th International Conference on the Conservation of Earthern Architecture, Las Cruces, New Mexico, U. S. A. , October, 14 – 16, pp267 ~ 273. p268。

明，做了以下试验：将两个土柱放在容器内，使 B—72 树脂的甲苯溶液从土柱底部上渗，至渗到顶部后取出，一个土柱依然底部在下，另一个土柱上下面颠倒，然后让溶剂挥发。至溶剂挥发完毕，可以发现两个土柱均是上部颜色加深、结壳。切开后，内部遇水崩解，外部成壳，两柱的情况相似。这种现象证明树脂在渗透过程中进入了土体内部，并在溶剂挥发过程中向上迁移富集。

二　检验各种加固剂分布情况的试验

试验对象包括 B—72 树脂、聚酯树脂（简称 AC—PU）、双组分聚氨酯树脂（简称 S—PU）、正硅酸乙酯乙醇溶液（简称 TEOS）、丙烯酸树脂乳液、硅溶胶等。将以上各材料分别加固土样，至渗透土样后使溶剂挥发，然后切开土样检查内部。在水中浸泡，遇水后若土样内部崩解，证明加固剂分布不均匀；若土样内外均耐水，证明加固剂分布均匀，迁移较小。

试验证明硅溶胶、TEOS、丙烯酸树脂乳液无迁移现象；但在对土进行渗透时，土体软化，几近崩解。

聚酯树脂（AC—PU）、双组分聚氨酯树脂（S—PU）两种材料有轻微的迁移现象，表面出现局部颜色加深，但内部有耐崩解性，说明迁移轻微。

B—72 树脂经检验属于迁移严重的材料，加固剂在土体内的分布不均匀。

三　检验各种加固剂加固粉土的试验

采用上述材料不同浓度对粉状土进行加固。至固结完成后，检查效果，可以发现以下现象：

硅溶胶与丙烯酸树脂乳液加固的粉土固结后强度很高，颜色也没有变化，只是粉土在加固过程中产生塌陷、收缩与开裂，裂纹较大。

聚酯树脂（AC—PU）、双组分聚氨酯树脂（S—PU）、B—72 树脂等材料在低浓度下无固结能力，但可使土颗粒产生拒水性，只有在高浓度下才会将土的颗粒连接起来。

四　含水加固剂加固土样的试验

用含水的硅溶胶、丙烯酸树脂乳液处理土时，可以发现在滴注或喷洒的过程中，土样的表面形状改变，在土吸收加固剂的同时，土体饱水膨胀以至最后崩解。

通过上述试验证明：

（1）含水的加固剂易造成土样的崩解。虽然采用多次滴注、间断滴注的办法会减少破坏，但加固过程中造成的土体强度降低是明显的。同时用水做载体易使土体表面的显微结构发生改变。水还可以破坏土体的毛细孔隙，限制加固剂向土体内部的迁移。

以水为分散剂的胶体体系加固效果较好，且硅溶胶加固后耐老化周期长，不足是以水做溶剂加固时土易崩解，加固后土体易收缩开裂。

（2）高分子溶液体系有加固剂表面富集现象，这种现象在文献①中也有论述。

（3）有机反应体系渗透能力强，加固效果好，但各有其不足：

丙烯酸单体现场聚合体系：要求在无氧条件下使用，但在对土遗址做表面加固的情况下，难以完全除氧，所以反应过程不易控制，加固效果易受影响，难以采用。

聚氨酯反应体系：是目前加固效果较好的体系，但处理后颜色加深，耐候性不好。

有机硅体系：是效果最好，使用较多的体系，但价格较高，大面积使用有一定困难。

以上三种体系均有一定毒性，妨碍它们的使用。如甲基丙烯酸酯类单体对神经有刺激作用，聚氨酯残留的异氰酸酯毒性较

---

① ICOM COMMITTEE FOR CONSERVATION , 8th Triennial Meeting Sydney, Australia, 6—11 September, 1987, pp440～446.

大，正硅酸乙酯也有毒性。

虽然以上这些加固剂有前文所说的缺点，但它们在现实中仍具有应用性，因为在现实中没有完美的材料。在解决现实问题时，可以根据条件选择合适的材料，实现保护土遗址的目的。

正如前言所说，土遗址种类多、组成差别大，外部条件也千差万别，保护工作中还有很多问题没有解决。从实际情况看，这是现有加固剂难以承担的。因为现有加固剂的某些缺点难以克服：有机硅类加固剂的高价格，大面积遗址难以使用；聚氨酯类和有机树脂类材料易产生颜色变化；乳液类渗透过程中易产生土体破坏等缺陷。

为了对各种情况下的土遗址进行有效保护，应提高材料的应用性能，扩大材料的应用范围，以解决土遗址保护中的问题。这可以通过对现有材料进行改造、进行复配等方法实现；也可以根据实际情况的需要，利用现代科技发展的有利条件，设计新的材料，以解决土遗址保护的问题。

第二节　改进加固剂的思考

通过前文的讨论，可见多种加固剂都有优点，也都有缺点，因此，解决土遗址的加固保护，并达到良好的效果，改进加固剂是很有必要的。要改进加固剂，就必须深入研究风化产生的原因，了解加固剂的不足，以及引起这些缺陷的根源。

前文已对土遗址的风化现象及原因进行了论述，也对土遗址加固剂的优缺点进行了探讨。要解决土遗址的风化问题，须从机理入手，了解加固剂与被加固对象的性质、加固过程中的相互作用。了解这些性质与过程，有利于解释现有加固材料优点与缺点产生的根本原因，有助于发挥加固剂的优点，回避加固剂的不足，并指导加固剂的改进或新型加固剂的研制，从而推动土遗址防风化研究的进展。

本部分拟讨论以下四个问题：第一，土遗址加固剂的要求；第二，土性；第三，加固剂性质；第四，加固剂与土的相互作用。

一　土质加固剂的要求

对土遗址加固剂的要求人们已经讨论很多，它体现了人们对现有加固剂优缺点的认识，同时代表着土遗址加固剂研究的方向。

关于土遗址加固剂的要求①，与文物加固剂的要求②③④一样，至今没有一致的意见，且争论较多。Giacomo Chiari 在文献⑤中曾提出对土质加固剂的原则要求，内容共有十二条：

（1）提供防水能力，但不拒水，允许水分以气体或液体状态迁移；

（2）保留孔和毛细管处于开放状态，并允许重复浸渍，即使是其他材料的浸渍；

（3）在干燥与潮湿情况下提供机械强度及耐磨能力；

（4）有好的渗透能力，及低的黏度；

（5）不在表面形成膜，不与未处理的核心部位有明显的边界；

（6）与土体有相似的热膨胀系数；

（7）不改变颜色，不产生眩光；

（8）有抵抗盐结晶、地下水毛细管上升和冻融循环所产生

---

① 张志军：秦始皇兵马俑文物保护研究。西安：陕西人民教育出版社，1998（第一版），第 106 ~ 110 页。

② 国家文物局泰安培训中心：全国文物科技管理干部研讨班讲义。泰安，1991，第 85 ~ 86 页。

③ M. Laurenzi Tabasso 著，杨军昌，黄继忠译，文物保护与科学，1996，Vol. 8，（1），第 55 ~ 63 页。

④ H. 韦伯尔：有机硅在建筑保护中的应用。德国瓦克公司技术讲座，1998。

⑤ 6th International Conference on the Conservation of Earthern Architecture, Las Cruces, New Mexico, U. S. A. , October, 14 – 16, pp267 ~ 273.

的张力的能力；

（9）耐久，即有耐水，耐光氧化的能力；

（10）使用方便，包括在潮湿环境下，并且价格便宜；

（11）对使用者没有危害；

（12）有可逆性，如果可能的话。

虽然提出了这些要求，但他同时又认为，像这样理想的加固剂到现在没有产生，而且将来也不太可能，因为人们理想的加固剂是只有优点而无缺点的。这种完美无缺的东西只能作为人们研制材料的标尺。

根据文献总结和实践经验，本研究对土遗址加固剂从制备、使用、效果等方面提出了要求，原则是：材料易得，制备简单，施工方便，价格适中，效果良好，高效低毒。

实现以上要求，使加固剂达到最佳加固效果，要考虑多种因素，包括加固剂的性质，固结后的耐老化性能；加固对象的性质；加固液在被加固材料内的流动与迁移，以及加固液与被加固材料的相互作用。

二　加固材料的性质

加固剂的性质包括几个方面：加固剂本身的性能，例如透明性、黏度；溶剂的沸点、燃点、毒性等；使用过程中的性能，如渗透能力；固结后的性能，如色泽、耐老化性能。这些性能对加固效果有直接影响。

人们在选择加固剂时对其本身性能与固结后的性能比较重视。我们认为加固剂性能中，除以上两方面的影响外，使用过程中的性能对加固效果影响很大，影响这些性能的性质主要包括加固液的黏度、加固液的表面张力以及表面自由能等。

黏度：加固剂通常在使用前处于液态，这些液态物质，从有效物质（加固剂）与载体的相互关系方面看，包括不同作用体系如溶液（溶质以溶解的状态处于溶剂中），胶体与乳液（加固剂以微粒状分散于介质中）等。

各种体系的流变性质不同。在流变性质中黏度是重要的指标，不同体系影响黏度的因素不同。对高分子溶液，影响黏度的因素包括高分子的性质、分子量、分子量分布和溶剂的性质；而对于乳液影响黏度的因素包括颗粒的形状、粒径粒度分布等。

对加固剂来说，黏度低有利于渗透，低黏度、高固含量有利于提高加固效果。

表面张力与表面自由能：加固剂体系的表面张力大小关系到加固液能否在被加固剂材料上润湿、铺展，是影响加固过程的重要因素。

一般情况下有机液体和无机液体可以在比其表面自由能高的高表面自由能固体表面上扩展[1]，而难以在低表面自由能的表面扩展和润湿。土中的矿物颗粒表面自由能很高[2]，这有利于加固剂液体在矿物颗粒表面的附着、浸透与展布，促进加固剂向土内部渗透。

由于多数加固剂的表面自由能低而土中矿物的表面自由能很高，这种情况对液体在土体上的润湿、铺展以及渗透有利，所以选择加固剂时，范围很宽。

三　土遗址的结构与性质[3][4]

像秦俑一号坑土隔梁、半坡遗址这样经人工改造过的土遗址，虽由土组成，但又与普通黄土有所不同。由于经过扰动，像

① 陈道义，张军营编著：胶接基本原理。北京：科学出版社，1992.7（第一版），第51页。

② 卢寿慈，翁达编著：界面分选原理及应用，北京：冶金工业出版社，1992（第一版），第38页。

③ 王永焱，林在贯等编：中国黄土的结构特征及物理力学性质。北京：科学出版社，1990（第一版），第105～170页。

④ 黄道宣编：土质学及土力学。北京：中国水利水电出版社，1996（第二版），第5～67页。

原状土那样大范围内矿物组成、粒级组成、物理力学性质一样的情况已经改变，代之以小范围内矿物组成、粒级组成、物理力学性质纷乱复杂无一致性的特点，这种复杂情况给保护研究带来很多困难。但总地说来，了解土的组成、性质有利于搞清土遗址的特性，研究适宜的加固剂。

在我国分布最广的土层是黄土，因此黄土研究工作较多，而且许多土遗址分布在黄土区内，所以下面主要以黄土为例叙述。

（1）黄土的组成及微观结构

土是由岩石经过风化、剥蚀、搬运、沉积等地质作用过程后，所形成的各种疏松产物的总称。它是地壳表面的最新沉积物，未经固结成岩，特点是松散软弱，其组成和性质极为复杂，且易发生变化。

从工程上讲土是一个三相体系，即由固相、液相、气相组成，各相相互作用，共同决定土的性质。

土体是一个宏观的概念，其最基本的组成物是一些矿物微粒。如表2—1[①]：

这些矿物在成分上比较复杂，颗粒形状各异，大小不一。

矿物微粒中粒径较大（大于0.01mm）的粗粒碎屑颗粒和土壤团聚体（或叫团粒）在黄土的结构体系中起着重要作用，它们是构成黄土结构骨架的主要材料。

粗粒碎屑包括粒径大于0.01mm的石英、长石、云母类矿物、碳酸盐矿物、辉石类矿物等。土壤团聚体是由大量的细粒碎屑和少量的粘粒通过微晶碳酸盐等胶结而成，普遍存在于黄土之中，是黄土的主要结构特征之一。团聚体微粒间的胶结物包括干燥了的胶体和可溶盐、腐殖质、石膏、硅酸、氧化铁等。

---

① 黄道宣编：土质学及土力学。北京：中国水利水电出版社，1996（第二版），第13页。

表 2—1　土壤矿物组成

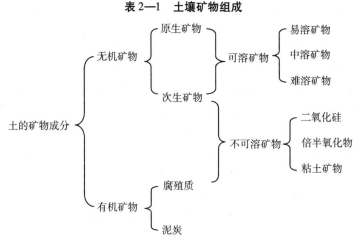

骨架颗粒相互联结形成黄土的基本结构，其联结力包括：范德华力、静电引力、离子—静电引力、氢键、胶结作用力。其中胶结作用力是主要的，胶结通过游离氧化物和碳酸盐实现。

黄土微观结构的重要特征是富含孔隙，孔隙度（孔隙体积与土的总体积之比）一般为 42% ~ 55%[①]。孔隙种类有粒间孔隙、粘粒间孔隙、团块间孔隙、生物孔隙（根洞、虫孔及鼠洞）等。孔隙对黄土的工程性质影响很大，黄土成因不同，孔隙情况也不一样，其性质也有所不同。黄土的孔隙按大小可分为四类：a. 大孔隙：孔隙半径大于 0.016mm；b. 中孔隙：孔隙半径为 0.016mm ~ 0.004mm；c. 小孔隙：孔隙半径为 0.004mm ~ 0.001mm；d. 微孔隙：孔隙半径小于 0.001mm。

黄土的矿物组成、微观结构决定了黄土的性质。

（2）黄土的水理性质

a. 黄土随着含水量的不同表现出流动性、可塑性和收缩性。

———————

① 王永焱，林在贯等著：中国黄土的结构特征及物理力学性质，北京：科学出版社，1990，第 133 页。

b. 黄土有收缩性和膨胀性：含水量增加，产生膨胀；含水量减少，产生收缩。

c. 黄土有崩解性：土壤的崩解是膨胀的一种变态，土在膨胀过程中，土粒间的联结力逐渐削弱，最后完全丧失，土的强度遭到破坏，从而产生崩解。由于含水量的增加而发生崩散解体是许多土壤的特性。土壤在水中崩解的时间一般在几秒至几分钟。

d. 黄土有毛细性：土的毛细性是指水通过土的毛细孔隙受毛细作用向各个方向运动的性能。毛细作用是水与土壤矿物颗粒表面间的分子吸引力同水与气体界面间的表面张力二者间的相互作用。毛细现象经常可以看到，它很易引起以下不良后果：造成土壤的盐渍化，引起土体表面的变形和强度的降低。

（3）黄土的力学性质

a. 由于土壤的孔隙率较高，它在压力作用下体积缩小，具有压缩性；

b. 土体内部存在着一种能够阻止土体发生滑动的力量，其极限称为抗剪强度，抗剪强度由两种因素组成：一为土粒间的摩擦阻力（颗粒与颗粒间的表面摩擦和颗粒间的咬合力）；二为土的内聚力（土粒间的结合水和胶结物等所形成的土粒间的联结力）。

（4）黄土的化学性质[①]

由于组成土壤的矿物颗粒细小，故其比表面积很大，对各种物质的吸附能力很强，表现为物理吸附和化学吸附。同时大部分矿物颗粒是由大颗粒风化破碎而来，破碎过程中产生表面电荷而难以中和，土壤还能产生离子交换吸附。这些性质在宏观上都有表现，例如土壤矿物对水的物理化学吸附是造成土体膨胀崩解的根本原因；土壤微粒对阳离子的交换吸附影响着土体的稳定性；

---

① 于天仁主编：土壤化学原理，北京：科学出版社，1987（第一版），第152~184页。

再如土壤对高分子也有吸附能力，它可以吸附腐殖酸和糖类等。

四 加固剂与土的相互作用

加固剂加固土体的过程包括加固剂对土进行渗透、加固材料以各种方式固结。加固的结果是从微观结构加强组成土体的微粒的连接，从宏观上提高材料的机械强度，耐水等性能。

在加固剂与土的相互作用中，需注意以下三方面：

（1）加固剂对土体的加固过程，首先是加固液在土体内的流动过程：大多数加固剂体系呈液态。土体是由各种岩石风化后形成的原生矿物、次生矿物及有机物等组成的松散结合体，且孔隙较多，属多孔物质。土的孔隙是加固剂进入的基础。

流体在孔隙介质中通过受孔隙通道大小、形状和分布的影响。在加固剂渗透过程中影响渗透的因素是土的孔隙大小与孔径分布；在加固剂方面，影响渗透的主要因素是黏度。

要设计性能优良，尤其是渗透力强的加固剂体系，就要了解流体在多孔材料中的流动行为。根据理论研究[1]，流体在多孔介质中的流动与其黏度有直接关系，黏度越低，流体在多孔介质中的流动性能越好。因此，若想使加固剂在基体中较深地渗透，就必须尽可能地想办法降低其黏度[2]。另外，溶液中分子的尺寸和体积对渗透也有影响，尺寸较小的分子可以渗入较小的孔中，而大的颗粒在小孔中流动，就要受到阻挡，以至引起堵塞[3]。

（2）加固剂对土遗址的加固过程，又是加固材料分子在土壤颗粒表面吸附与迁移的过程：土壤颗粒具有高比表面、高吸附性。一些黏土矿物如蒙脱石有强的吸附与交换能力。

---

① （美）L. D. 贝弗尔，W. H. 加德纳，W. R. 著，周传槐译：土壤物理学，北京：农业出版社，1983（第一版）。

② ICOM COMMITTEE FOR CONSERVATION，8thTriennial Meeting Sydney, Australia，6/11 September, 1987. pp439～446.

③ （美）S. K. 拜佳著，张贵孝译：聚合物在多孔介质中的流动，北京：石油工业出版社，1986（第一版），第61页。

黏土矿物可以与阳离子进行交换并将阳离子固定在矿物中，这些阳离子包括无机离子和有机离子，黏土矿物也可以吸附阴离子。黏土矿物对离子型高分子同样可以吸附。即使对极性化合物和非离子型化合物，黏土也能够吸附，如对极性长链有机分子的吸附，这种吸附是通过氢键进行的①。

黏土的吸附对加固剂渗透的影响表现在：加固剂中的高分子物质与溶剂的色层分离，妨碍了高分子加固剂向土体内的迁移②。这种现象使溶液中的高分子溶质在渗透过程中因迁移较慢而与溶剂分离，积聚在土体表面或由外向内呈梯度分布，并常使表面呈层状剥落的现象③。

（3）水在加固过程中的副作用：防风化研究的目的是要保护土遗址，水对土遗址有破坏④，极性有机溶剂也有一定作用⑤。基于此点，应该在加固过程中尽量减少水的使用。水可能造成以下不利影响：土结构因膨胀性矿物吸收极性液体膨胀，同时颗粒连接减弱而强度减小，导致表面漫漶甚至崩溃，所承载的科学信息丢失。大的表面张力造成土体毛细孔隙的破坏，限制加固剂向土体内的迁移渗透。另外，水还可以将盐类带到土遗址的表面，造成表面的改观与破坏。

有了以上对土性的叙述和对加固过程的分析，就可以理解常用加固效果不好的原因。

----

① 熊毅等著：土壤胶体。北京：科学出版社，1983（第一版）。第361页。

② （美）L. D. 贝弗尔，W. H. 加德纳，W. R. 著，周传槐译：土壤物理学，北京：农业出版社，1983。

③ 6th International Conference on the Conservation of Earthen Architecture. LAS Cruces, New Mexico, U. S. A. October 14 – 19, 1990. pp449 ~ 454.

④ 6th International Conference on the Conservation of Earthen Architecture. LAS Cruces, New Mexico, U. S. A. October 14 – 19, 1990. （PREPRINTS），pp267 ~ 276.

⑤ 6th International Conference on the Conservation of Earthen Architecture. LAS Cruces, New Mexico, U. S. A. October 14 – 19, 1990. （PREPRINTS），p450.

五　常用加固剂优缺点的理论分析

（1）渗透能力：渗透能力好的体系，其加固剂的分子量较小，如无机盐体系，有机硅单体水解体系等；而尺寸较大的体系如有机硅高聚物，由于其分子量大，在流过毛细孔隙时，容易被阻隔。乳液和溶液的分子状态不同，也导致渗透效果不同，乳液颗粒为球形，虽然分子量大，但是聚集在一起，渗透容易，而溶液中分子伸展开来，很容易被吸附和阻挡。

（2）表面颜色加深：丙烯酸树脂溶液体系以及聚氨酯体系，经常出现表面颜色加深现象，造成这种现象的原因是分子极性也小，土壤颗粒对其吸附能力弱，当溶剂挥发时，在良溶剂的携带下向表面迁移。浓度升高而黏度增加很慢，也促进了迁移。另外，高分子在良溶剂中结构舒展，导致加固剂向土体渗透过程中被小于其尺寸的孔隙堵塞，从而难以进入土内，也是颜色加深的原因。因此加固剂在溶剂作用下的反迁和加固剂在土体表面因积聚难以进入而形成的富集是导致颜色加深的两个原因。

（3）表面泛白：表面泛白的一个重要原因是土内盐分的外迁与富集。一般情况下土内都有可溶盐，盐分在水的作用下可以向表面迁移，迁移的结果是在表面结晶，导致泛白。

六　优良加固剂的设想

通过以上的讨论，我们对改进各种加固剂的难度进行了分析：

（1）无机盐体系

指碳酸盐与硅酸盐类加固剂。

这类体系以水作溶剂，对土遗址进行处理时易产生表面泛白现象，同时用水易造成不利影响。这些现象可以通过采用改变阳离子来减小，如将易导致黏土矿物膨胀的 Na^+ 离子换成膨胀小的 K^+、Li^+ 离子，但是水导致可溶盐外迁的现象难以控制。

（2）有机反应体系

丙烯酸单体现场聚合体系：由于要求在无氧条件下使用，但在表面加固的情况下，又难以完全除氧，所以反应过程不易控制，加固效果易受影响。在土遗址保护中使用的难点有：没有合适的除氧剂，聚合过程易受土中各种物质的影响，固结后产生的收缩不易控制。

聚氨酯反应体系：是目前加固效果较好的体系，处理后颜色加深，耐候性不好，有内外分布不均的现象。

有机硅体系：有机硅是文物保护工作中应用较多的体系，在土遗址保护中也有应用，效果较好。但这种体系的价格较高，成为难以克服的问题。

（3）高分子树脂体系：易反迁使表面颜色加深，并在表面结壳，这种现象难以抑制，即使采用减缓溶剂挥发的办法也效果不大，所以改进困难。

（4）胶体与乳液体系：这类体系加固强度高，加固后不改变颜色，但水有负面影响。

经过比较，我们认为胶体体系有改进的可能性。这类体系应用于土壤防侵蚀方面[①]、混凝土改良方面[②]均有良好的效果。

但问题是水有破坏作用。改进的关键是如何在利用其优点的同时，回避水的不利影响？

我们的思路是：仍采用胶体与乳液中的分散物质，如硅溶胶中的胶体粒子和乳液中的聚合物颗粒，但不用水做分散剂而采用有机溶剂做分散剂，这样就推导出两种新型体系：a. 硅溶胶—有机溶剂体系：有机溶剂做分散剂，无机胶体做分散质；b. 有机分散体—有机溶剂体系：有机物质以胶体状态状分散于有机溶剂中。

根据理论推理这种体系将不会对土体产生破坏，同时渗透能

① （日）奥田 平稻垣宽编，黄志启等译：合成树脂乳液。北京：化学工业出版社，1989（第一版）。第 472～495 页。

② 买淑芳著：混凝土聚合物复合材料及其应用。北京：科学技术文献出版社，1996（第一版）。第 141～191 页。

力强，加固效果好。

其中无机胶体加固剂——有机分散剂体系应该是最理想的体系，采用有机溶剂，对土体无破坏性，而无机加固剂与土体性质相似，耐老化周期长，我们正在进行试验。

另外，有机胶体——有机分散剂体系从理论上看，如果作为分散体的聚合物有优秀的耐老化等性能，加固效果也应很好。

经过文献调查，我们发现这种体系与涂料工业上的非水分散体系相似。

非水分散体系在文献上有报道，制备方法分为两种：

（1）合成法：文献①上见有报道，但制作起来比较困难，需要经过许多步的高分子合成路线。

（2）转化法：方法以有机高分子的水乳液为起始材料，经过某种材料的添加，改变胶体的表面性质，使其由水体系转移到有机溶剂体系中②。这种方法简单易行。

我们从转化法入手进行研究，找到了一种方便合用的土遗址加固材料。

① 英国专利，1，319，781；1，403，794。
② 美国专利，3，574，161；3，733，294。

第三章　BU 加固剂的制备工艺、性能及加固效果检验

第一节　加固剂制备工艺

一　加固剂的制备原理

非水分散体材料（BU，Beijing University 的简写）的制备是通过阳离子表面活性剂的作用，使稳定的聚合物颗粒从乳液中聚沉下来，形成凝聚体，然后将凝聚体分散到有机分散体中，达到使分散于水性介质中的聚合物颗粒向有机相转变形成有机非水分散体的目的。

在非水分散体制备过程中，阳离子表面活性剂等同于絮凝剂，它的作用是破坏乳胶的稳定性。向因吸附阴离子表面活性剂而表面带负电的乳胶体系中加入带有正电荷阳离子表面活性剂，这些阳离子表面活性剂的带电端朝向乳胶颗粒，与乳胶颗粒表面吸附的带负电荷并伸向外部的阴离子部分中和，使乳胶颗粒的表面不再带有电荷，致使乳胶颗粒的表面电位变为零（$\psi_s = 0$），乳胶颗粒之间的静电推斥势能也减小到最低（$V_R = 0$），乳胶颗粒成为电中性的，稳定性大为降低，最后颗粒互相碰撞后互相吸附，颗粒不断增大，在重力作用下聚沉[1]。

在这个过程中，阳离子表面活性剂的作用是与用于稳定聚合

---

① 曹同玉，刘庆普，胡金生等编：聚合物乳液合成原理性能及应用，北京：化学工业出版社，1997，4（第一版），第 479 页。

物颗粒的阴离子表面活性剂结合，形成拒水亲油的表面，从而从水相中聚沉并能够分散在有机相中。

乳胶颗粒凝聚后，采用一些有机溶剂可以将它们重新分散，形成乳胶颗粒在有机溶剂中的分散体，称为非水分散体或非水乳液。有关制备的工艺可参见相关研究①。

经过分散的非水分散体采用合适溶剂稀释到一定浓度后用于加固土体，可以赋予土体一定的强度，好的耐水性、耐冻融能力等，使土体中对外界因素作用敏感的成分得到稳定，因此土体抵抗外界因素周期变化的能力大为提高，这种作用在文物保护中叫做加固作用，因此这类材料叫做土体加固剂。

二　原料选择原则与方法

1. 乳液的选择

用于制备BU系列加固剂的原料是由以阴离子表面活性剂为乳化剂通过乳液聚合形成的各类有机树脂乳液。

1.1　选择的指标与原则

在选择合适的乳液时，备选的乳液范围比较广。凡是采用以阴离子表面活性剂为乳化剂进行乳液聚合制备的乳液，都有可能进行转化。

在对乳液进行筛选时，有以下的选择原则：

（1）乳液的耐候性好：乳液的耐候性好，衍生的非水分散体及最后形成的固体物质的耐候性才会好。

（2）乳液的玻璃化转变温度：是指乳液固化后形成的有机膜的玻璃化转变温度，玻璃化转变温度低，形成的膜软粘，玻璃化较变温度低于0℃的乳液经常做不干胶带生产的原料。玻璃化转变温度高，形成的膜硬度高。

（3）乳液的最低成膜温度：在一定的低温条件下，聚合物

---

① 周双林，原思训，郭宝发：几种常温自交联丙烯酸非水分散体的制备，北京大学学报（自然科学版），2001，37（6），第869~874页。

乳液中的乳液挥发后，乳胶颗粒仍为离散的颗粒，并不能融为一体。在高于某一特定的温度时，水分挥发以后，各乳胶颗粒中的分子会互相渗透，互相扩散，聚结为一体而形成连续透明的薄膜，能够形成膜的温度下限值就叫最低成膜温度（MFT）。

（4）乳液的粒径：乳胶粒的尺寸及尺寸分布是聚合物乳液的重要参数。乳液聚合物的性能、聚合物乳液的许多重要性质以及在乳液聚合反应过程中的聚合反应速率等都与乳胶粒的尺寸及尺寸分布有紧密关系。

（5）乳液的 pH 值：关系到乳液是否适用于转变为非水分散体用作文物保护，最好选用中性或近中性的乳液。

1.2　乳液原料选择与检验

用于制备加固剂的乳液原料，原则上应该有一系列的性能指标提供，这些指标有：

（1）固体含量

（2）黏度

（3）乳液的颗粒大小及颗粒级配

（4）乳液的最低成膜温度

（5）乳液所成膜的玻璃化转变温度

（6）乳液的 pH 值

（7）乳液的机械稳定性、冻融稳定性及化学稳定性

（8）乳液的失效期：这是一个最需要注意的问题。通常情况下受热、受冷、受到机械作用及长期存放，都会导致材料的失效，失效后的材料不能使用，因为得到的效果是不好的。乳液失效后，变得黏稠、颗粒聚沉并有一些难闻的味道，检验乳液失效与否的方法包括：手捏，稀释，闻味道等。

（9）乳液中是否添加了其他材料：也是需要了解的内容，通常情况下乳液中的添加剂包括：杀菌剂、紫外线吸收剂等。这些材料的添加目的是提高以乳液为原料的最终产品的应用性能。通常情况下，乳液作为生产乳胶漆或内外墙涂料的原料不添加这

些材料。如东方化工厂的乳液，据技术人员讲，乳液合成工艺完成后不添加其他的添加剂。

在缺乏性能指标或为了确认的情况下，需要进行以上指标的检验。

以上指标对非水分散体加固剂的制备、应用过程及应用效果等方面分别有一定的影响。如固体含量与黏度影响非水分散体的制备过程，乳液的粒径分布影响非水分散体加固剂对被加固材料的渗透能力，而玻璃化转变温度影响着转化后非水分散体的相应指标，也影响着被加固材料最后达到的机械性能指标。

但是由购买或赠送方式获得的乳液产品，往往得不到详细的性能指标，因为有些厂家对其产品的性能就没有进行相应的检验，而产品的生产配方、生产工艺等方面的数据更不易得到，因为厂家没有义务提供，且多数情况下这些数据是保密的。所以应用这些乳液为原料制备非水分散体，在性能检验和应用中会出现一些不易搞清的问题，只能采取模糊操作的办法，或采用先进的技术手段为了研究的目的去解析，如各种乳液的交联基团的数据，使用的表面活性剂和配比情况。

1.3 不能使用的乳液

在试验过程中，根据多次对不同批次、不同存放时间的乳液进行转化的经验，找到了一种检验乳液能否使用的方法。

判断乳液能否使用的大致程序如下：将备选乳液稀释，然后用阳离子表面活性剂的溶液聚沉。结果有以下几种：

（1）不能聚沉的乳液不能使用：这种乳液可能不是由单一种类的表面活性剂作为稳定剂制备的，可能使用了阴离子表面活性剂、非离子表面活性剂的混合稳定体系，也可能是采用非离子表面活性剂或阳离子表面活性剂作为稳定剂进行乳液聚合反应的。

（2）聚沉时使用太多阳离子表面活性剂：制备的非水分散体加固剂使用效果不好，因为太多阳离子表面活性剂的使用，降低了最后所成膜的玻璃化转变温度，阳离子表面活性剂在以后的流失和迁移还导致聚合物膜韧性的改变。阳离子表面活性剂同时使膜的韧性降低，抗撕裂的能力降低，耐受光氧老化和热氧老化的能力也受到很大影响。

（3）聚沉后不能分散的不能使用：这可能是由于聚合物微粒的自交联能力太强，这样造成制备中的很多困难，因此最好不用这类材料。

（4）分散后将其分散剂挥发，最后不能成膜或没有韧性的：这可能是由于聚合物乳液已经变质，或形成的非水分散体的玻璃化转变温度高，最低成膜温度高的原因。

（5）分散后所成的膜非常柔软甚至有黏性的最好不用。

2. 聚沉剂的选择

用于聚沉乳液的是阳离子表面活性剂。

根据文献，许多阳离子表面活性剂都可以起到聚沉阴离子表面活性剂稳定的有机树脂乳液的作用。在美国专利[①]中提到的这些表面活性剂为季铵盐、伯胺、仲胺、叔胺。推荐的材料有：甲基三辛酰基氯化铵（methyltricaprylyl ammonium chloride）、月桂胺（laurylamine）、肉豆蔻胺（myristilamine）、双十二烷基二甲基氯化铵（dilauryl dimethyl ammonium chloride）、三辛基胺（trioctylamine）、C_{18}—脂肪胺（primary C_{18} aliphatic amine）等，类似的胺和季铵盐，甚至一些其他类型的阳离子表面活性剂都有可能使用。

选择合适的阳离子表面活性剂的方法是用一系列乳液对所选的阳离子表面活性剂进行聚沉反应，考察聚沉一定量乳液的用量。一般用量少者为好，这样可以尽量少地改变聚合物的特性。

在进行以上筛选后，还要考虑这个阳离子表面活性剂的色泽、稳定性、溶解能力、价格和来源等因素，进行综合评价。

3. 分散材料的选择

有机相的选择方法：在非水分散体的制备过程中，有两处使

---

① USP：3，733，294。

用了有机相。一个是用来溶解阳离子表面活性剂，另一个是用来分散聚沉的乳胶颗粒。

溶解阳离子表面活性剂是简单的溶解，这个过程比较简单，要求是能够溶解所选用的阳离子表面活性剂，并且溶解能力尽可能地大。另外从工艺上这种有机相不能与水分混溶以确保在聚沉后能够对水分进行有效的去除。溶解表面活性剂的有机溶剂在聚沉过程中还应该能够溶解阳离子表面活性剂和阴离子表面活性剂的缔合体。

用于分散被聚沉乳胶颗粒的有机溶剂，在这里不具有溶剂的功能而是分散剂。在胶体等非均相分散体系中，含有两个组成部分，一个是被分散相，一个是分散相，被分散相是不连续相而分散相是连续相。用于分散被阳离子表面活性剂聚沉的乳胶颗粒的有机溶剂，经过试验，包括以下有机溶剂：酮类溶剂如丁酮、环己酮；酯类溶剂如乙酸丁酯；醇类溶剂如乙醇等。这些溶剂的共同特点是对已经聚沉的乳胶颗粒具有分散作用。这种分散不能用有机溶剂对有机树脂的溶解理论解释，即不能用溶剂图[①]的方式解释，因为树脂在有机相内是分散而不是溶解，所以多数情况下需要通过试验取得结果。但是溶剂图的理论对解释这种分散也有某种程度的帮助，因为在实验中发现对乳胶颗粒组成树脂有溶解能力的溶剂，也具有分散这类乳胶颗粒的能力。但是这种分散不是溶解，需要建立一套相应的表征分散能力的相关系数或建立相应的分散能力图来表示。

溶剂和分散剂：用于分散有机树脂聚沉体的分散剂是酮类溶剂如丙酮、丁酮、环己酮等，酯类溶剂如乙酸乙酯、乙酸丁酯等，醇类溶剂如乙醇。其中酮类溶剂分散能力较强，形成的分散液无色透明，而醇类溶剂用于分散，得到乳白色的分散液，且分散能力有限，最高浓度很低。这些溶剂还可以混合

---

① 武利民编：涂料技术基础。北京：化学工业出版社，1999年（第一版）。

使用。

三　材料的制备工艺

1. 原料

1.1　乳液：采用阴离子表面活性剂为乳化剂通过乳液聚合形成的聚合物乳液。乳液的选择原则可见上面乳液选择部分。通过 1997～2000 年阶段的研究和新近的试验，证明能够采用的乳液有：北京东方化工厂的 BC—4431、BC—2021、BA—164、BA—163、BC—04、BC—04A；环球化工提供的 Morkote 3000，天津大学的 BC—3201、BC—3504，中国建筑材料研究院涂料研究所的 S 系列硅丙乳液等。经过 2001～2002 年度的试验研究，能够使用的乳液除了以上乳液外，下列乳液也可使用：北京东方化工厂的 BC251M 乳液，江苏日出集团的 RC 乳液等。

1.2　阳离子表面活性剂：经过试验证明用于聚沉乳液的阳离子表面活性剂，可采用能溶解于有机溶剂而不溶于水的季胺盐类表面活性剂。

这些阳离子表面活性剂根据文献有：季铵盐、伯胺、仲胺、叔胺。推荐的材料有：甲基三辛酰基氯化铵（methyltricaprylyl ammonium chloride）、月桂胺（laurylamine）、肉豆蔻胺（myristylamine）、双十二烷基二甲基氯化铵（dilauryl dimethyl ammonium chloride）、三辛基胺（trioctylamie）、C_{18}—脂肪胺（primary C_{18} aliphatic amine）等。在以前的工作中，曾采用 NT—11 这种表面活性剂进行了乳液的聚沉，发现效果很好。另外，采用 NT—12 进行了试验，发现也有好的聚沉能力。

NT—11 这种表面活性剂在聚沉乳液过程中显示了良好的性能，形成的非水分散体稳定，作为加固剂对土样有好的渗透能力及良好的加固保护能力。但是它的不足之处是形成的膜比较柔软，遇水会出现吸水发白现象，同样加固的土样在水中浸泡时，会出现变软的现象。通常情况下乳液及形成的非水分散体成膜后，前者的膜总是比后者硬度高，这可能是表面活性剂的影响作用。有关使用阳离子表面活性剂后形成的膜比较柔软的原因，将在以后新材料开发部分讨论。

NT—12是一种常温呈固态的阳离子表面活性剂，在环己烷溶剂中的溶解能力有限，但在聚沉乳液过程中有好的表现。

NT—8的使用属于本研究的一个重点，它的选择是为了解决这种加固剂加固完成后土样强度不高的问题。为了解决这个问题，进行了多种试验，也发现了多种提高强度的方法，这些方法中比较可行的是采用新表面活性剂NT—8。它的使用使聚沉同样的乳液需要的阳离子表面活性剂大为减少。具体试验情况见新型材料制备部分。

阳离子表面活性剂以溶液的形式使用，能够溶解这些阳离子表面活性剂的溶剂包括正己烷、环己烷等。

2. 制备工艺

具体的材料制备工艺在有关论文[①]中已有论述，大致如下：

（1）用去离子水（条件不允许时也可使用自来水）将乳液稀释至固含量在5%～10%的范围。

（2）将阳离子表面活性剂NT—11溶于环己烷，体积比为1:3～4左右。

（3）将NT—11的环己烷溶液在高速搅拌下缓慢加入稀释过的乳液中，加至乳液内产生分相为止，停止搅拌，静置，待混合物分层，上层为环己烷，下层为水，中间层为丙烯酸树脂颗粒的凝聚体。滤去水，回收环己烷，就可以得到丙烯酸树脂颗粒的凝聚体，将这种凝聚体在高速搅拌下分散于丁酮或其他溶剂中，成为一种均匀的分散体。

量取少量的分散体，称重，然后风干，再称量风干物的重量，计算固含量。由于分散体的特有性质，所得分散体的浓度一

① 周双林，原思训，郭宝发：几种常温自交联丙烯酸树脂非水分散体的制备。北京大学学报（自然科学版），2001，37（6），第869～874页。

般在 10% ~20% 之间。

3. 材料制备所使用的设备

在材料制备中需要使用一些设备与材料。

（1）搅拌器：可采用化学实验用的搅拌器，功率根据一次需要聚沉的乳液量选择。

（2）大烧杯：做聚沉乳液的反应容器。

（3）小烧杯：量取乳液和阳离子表面活性剂溶液。

（4）量筒：量取乳液和阳离子表面活性剂溶液。

（5）小口塑料桶：用于盛装分散的聚沉物。

（6）铁筛或尼龙丝网：用于使聚沉的乳胶颗粒和液态混合物分离。

（7）称量瓶：用于称量分散体的固体含量。

（8）天平：用于称量分散体的固体含量。

（9）大量制备材料，可以使用工业级的搅拌釜进行，其他的设备也使用容积较大的。

4. 影响制备过程的因素

材料的制备是复杂的，影响因素很多，如材料、设备、各个工序的操作方法等。工艺条件掌握不好，就不能制备出好的合格的材料。根据试验经验，在制备工艺中需要注意以下各个因素。

4.1　聚沉点及其标定方法

（1）聚沉点的定义

在本研究中发现采用阳离子表面活性剂对乳液进行聚沉时，当阳离子表面活性剂的用量达到某一定值时，聚沉就会发生，而低于此点，不会出现聚沉现象，与分析化学中中和滴定的滴定等当点相似。为了方便起见，我们将阳离子表面活性剂正好使乳液聚沉时的用量，称为该表面活性剂聚沉该乳液的聚沉点。

（2）测定方法

采用比较稀的乳液（固体含量在5%左右）和表面活性剂溶液（固体含量在10%左右）为试验材料。以比较高的搅拌速度搅拌乳液，并缓慢加入阳离子表面活性剂溶液，当乳液中有颗粒物出现时，减慢滴加量，当乳液形成分相，水体变清时停止，根据表面活性剂的用量就可以找到准确的聚沉点。可以用二者的比例表示：乳液与溶液；乳液中固体含量与阳离子表面活性剂量的比例等。

（3）结果

在本研究中，我们对 BC—4431、BC—2021、BA—154 等乳液等分别用三种阳离子表面活性剂进行了聚沉试验，并测定了使乳液发生聚沉所使用阳离子表面活性剂的最佳比例，见表 3—1。

表 3—1　乳液聚沉工艺中乳液与 NT 用量统计

	BC—4431	BC—2021	BA—154
乳液用量/mL	100	150	100
乳液固体含量/%	42.3	58.1	64.8
NT—11 溶液用量/mL	170	250	100
NT—11 量/mL	35.7	52.5	21
树脂重/NT—11 量	1.18	1.66	3.09
NT—11 量/树脂重	0.84	0.60	0.32

上表给出了采用三种聚合物乳液制备非水分散体时各种材料的用量和配比，这些数据都经过多次的试验检验，因此可以作为制备工艺的参考数据。

（4）意义与作用

标定聚沉点可以了解聚沉一定量乳液所需阳离子表面活性剂的用量，便于控制生产工艺，制备性能指标相同的产品。

确定聚沉过程中一定量乳液需要阳离子表面活性剂的合适用

量比例，关系到所制备的非水分散体的性能，如黏度、玻璃化转变温度，耐受热、光老化的能力等。

表面活性剂是小分子量的化合物，通常分子量在几百左右，这种物质与乳胶颗粒一起进入分散体中，过多表面活性剂的存在，影响分散体的流动性能，因为小分子的存在可增加黏度；乳液成膜后又会影响膜的机械性能；因为小分子是可以在各种因素作用下迁移的，这种迁移会使原来比较柔软的膜变得比较坚硬；由于小分子的化合物中有显色基团，对聚合物膜的光氧老化和热氧老化都会有负面影响。

聚沉点还可以用来推断乳液中乳胶颗粒的大致粒径，这种推断可以帮助选择乳液，并有助于判断非水分散体的流动特性和渗透能力。在乳液聚合中，为了稳定形成的聚合颗粒，通常使用表面活性剂，稳定的原理是表面活性剂在乳胶颗粒表面吸附，产生电性排斥或空间位阻。由于表面活性剂在聚合物颗粒表面的吸附是具有一定形式的，所以每个表面活性剂占据乳胶颗粒表面的一定份额。根据乳胶颗粒的大小和表面活性剂的吸附量可以计算单个表面活性剂占据的面积，也可以根据单个表面活性剂分子能够占据的面积和使用量来计算乳胶颗粒的大小。采用阳离子表面活性剂聚沉乳液，所使用的阳离子表面活性剂的量与稳定乳液的阴离子表面活性剂的量是成比例的，因此聚沉乳胶所用阳离子表面活性剂的量，也能反映乳胶颗粒的大小。在本研究中通过聚沉阳离子表面活性剂的用量初步估算了几种乳液中聚合物颗粒的大小顺序。

由表3—1可见，BC—4431、BC—2021、BA—154三种乳液聚沉过程中NT—11/树脂重依次减小，说明按照以上顺序聚沉乳液用的阳离子表面活性剂的量依次减少，表面活性剂用量的减少，表明乳胶颗粒的增大，由此证明这三种乳液的粒径大小依次是：BC—4431 < BC—2021 < BA—154。

这个推断在透射电镜分析中得到了证明，见表3—2。

表3—2 透射电镜粒径测定结果

样品名称	聚合物半径/nm
BC—4431	50
BC—2021	100
BA—154	150~400
31J	50
21J	75
54J	反差小，未测出

4.2 乳液及表面活性剂溶液固体含量对聚沉过程的影响

采用不同稀释程度的乳液和表面活性剂溶液（包括用未稀释的原料乳液和表面活性剂）进行聚沉试验，发现都能产生聚沉。但是在试验中发现浓度的降低有利于聚沉点的准确出现。当采用浓的乳液和表面活性剂溶液进行聚沉时，常常发生局部反应，这些部位已经产生聚沉，阳离子表面活性剂过量，而其他部位乳液仍然稳定。稀释后的乳液和表面活性剂溶液的聚沉，伴随适当的搅拌，可使聚沉点准确出现。

根据这些试验，可以认为高度的稀释是好的，有利于聚沉时二者用量的准确使用，但是将使制备操作变得困难，因为高度的稀释要使用大的容器，并造成大量废液的产生。

通常情况下乳液的稀释是固含量在5%左右，而表面活性剂的稀释在4~5倍。

4.3 搅拌速度对聚沉过程的影响

高速搅拌有利于乳液和表面活性剂的有效混合与接触，可以使聚沉点出现在比较窄的用量范围内，而不搅拌容易使聚沉的出现滞后。表面活性剂过量造成最终产品的质量问题，因此在制备过程中需要一定的搅拌速度，对搅拌器的设计也有一定要求。

4.4　聚沉后各部分成分分布情况

乳液聚沉后，所有参与聚沉的化学物质都进行了重新分配。

乳胶颗粒在阳离子表面活性剂的作用下聚沉，存在于上层的有机溶剂和下层的水的中间界面，以固体形式存在，也有的时候与有机溶剂混合存在，需要通过一定手段才能分离。

阳离子表面活性剂和乳胶颗粒表面的阴离子表面活性剂反应形成不溶于水的物质，吸附在乳胶颗粒表面聚沉，也有少量溶解到有机溶剂中。

水成为单独的相而独立存在，乳液中一些水溶性的杂质会溶解到水中，一些微量的水也会存在于乳胶颗粒表面，因为部分阴离子表面活性剂没有被中和，具有亲水性。

当乳胶颗粒的凝聚体滤除掉液体的水和有机溶剂后，这些凝聚体包括乳胶颗粒和阴、阳离子表面活性剂的反应物以及微量的水。

当凝聚体分散于有机溶剂时，阴、阳离子表面活性剂的反应物起到稳定作用。

第二节　加固剂的性能

一　总述

本研究制备的土遗址防风化加固材料是一种丙烯酸树脂微粒在丁酮、乙酸丁酯等有机溶剂中的胶态分散物。我们对于胶体及乳液等非均匀分散体系的性质包括运动性质、溶胶的电学性质和胶团结构、胶体稳定性、流变性质、胶体的形貌（胶体的形状与大小）等等，进行了初步研究。

为了使用和叙述方便，我们将用乳液制备的非水分散体材料统称 BU 材料。并赋予不同材料以相应的代号，如表3—3。

表 3—3   材料代号表

代号	试剂或材料
31R	东方化工厂生产的 BC4431 乳液
21R	东方化工厂生产的 BC2021 乳液
54R	东方化工厂生产的 BA154 乳液
31J	由 4431 乳液转化的加固剂
21J	由 2021 乳液转化的加固剂
54J	由 154 乳液转化的加固剂
AC—PU	聚酯树脂
S—PU	双组分聚氨酯
NAD	PBG 公司的非水分散树脂
S—1	有机硅改性丙烯酸树脂乳液
S—1J	由 S—1 转化的加固剂
H—1	中科院化学所的有机硅材料, 护石宝
310	$\varphi 50mm \times 100mm$, 湿重为 310 克的试验土样
270	$\varphi 50mm \times 100mm$, 湿重为 270 克的试验土样

1. 粒径大小

对非均匀分散体系来说, 分散物的粒径是基本指标, 同时粒径大小对分散物的流变特性有影响, 关系到加固剂的渗透性能。

胶体及乳液粒径的测量有光散射法、离心法、电子显微镜法、水动力色谱法等。我们采用光散射法以及电子显微镜法对三种乳液以及经过转化的三种有机分散体中分散物的粒径进行了测量。

光散射法：仪器为北京大学化学系自制的激光光散射仪，检测波长为 514.5nm，功率为 200mW。测试温度为 25℃，角度为 90°。样品经过 12000 转/分、30 分钟的离心分离，然后取样。

31R、21R、54R 三种乳液的介质黏度为 2.2cp，折光指数为 1.4478（水），31J、21J、54J 三种有机分散物的介质黏度为 0.8904cp，折光指数为 1.33287（丁酮）。所得粒径如表 3—4。

表 3—4　　光散射法粒径测定结果

材料	平均流体力学半径/nm		
	平均半径	分布宽度	
31R	53.81	0.034	53.86nm（62.5%）
21R	57.68	0.041	58.82nm（61.27%）
54R			
31J	111.11	0.374	峰 a——1.64nm（0.53%） 峰 b——6.48nm（3.8%） 峰 c——152.3nm（53.1%）
21J	121.52	0.076	峰 a——1.14nm（1.5%）， 峰 b——123.2nm（53.51%）
54J	4.13	0.197	峰 4.05nm（56.7%）

注：54R 样品离心后，散射光强减弱很多，不能测试。

透射电镜法：采用透射电镜对乳液与加固液中的高分子微粒的粒径进行了测定。

仪器：JEM—200cx 型透射电镜。

测定时乳液采用 1% 的浓度，31J、21J、54J 三种加固剂由于酮类溶剂可以溶解铜网的支持膜，所以采用 1% 的乙醇分散体。将乳液与加固剂滴在铜网上，为了防止微粒相互联结而成膜，在 -25℃冷冻的环境下使溶剂挥发。为了增加反差，采用汞溴红做染色剂。测量结果如表 3—5。

表 3—5　透射电镜粒径测定结果

样品名称	聚合物半径/nm
31R	50
21R	100
54R	150 ~ 400
31J	50
21J	75
54J	反差小，未能检测

通过表 3—4 和表 3—5 可以看出：

三种乳液与分散体的颗粒半径大小均在几十至几百纳米范围内，粒径较小；

三种乳液的丙烯酸树脂颗粒大小依次为 31J < 21J < 54J；

丙烯酸树脂微粒在乳液中的粒径和固结后的粒径相同；

乳液中的微粒由水相转入有机相后粒径增加，而固化后颗粒又恢复原状，说明聚合物在有机溶剂中有溶胀现象。

2. 黏度曲线

黏度表征着胶体体系的流变特征，我们对 BU 系列加固剂的黏度曲线进行了测定。

测量浓度范围为 0 ~ 15% 浓度，溶剂为环己酮。

仪器为 Ubbelohde 黏度计，实验温度为 25℃ ±0.05℃，结果如表 3—6。为了与树脂溶液的流变特性进行比较，还测定了丙烯酸树脂 B—72 的黏度曲线，标绘在一起，结果如图 3—1。

表3—6　BU 系列加固剂黏度测定结果

	31J 浓度				
	1%	3%	7%	11%	15%
t—s	29.2	56.7	148.1	330.8	575.7
$10^3\eta/$（Pa·s）	3.35	6.52	17.0	38.0	66.2
	21J 浓度				
	1%	2%	3%	6%	10%
t—s	33.23	51.82	76.12	148.82	288.96
$10^3\eta/$（Pa·s）	3.82	5.96	8.75	17.1	33.2
	54J 浓度				
	1%	3%	7%	11%	15%
t—s	23.83	31.55	88.82	747.33	
$10^3\eta/$（Pa·s）	2.74	3.63	10.2	85.9	

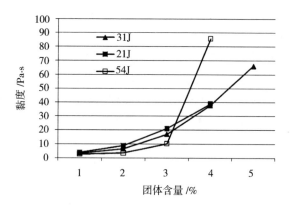

图3—1　3 种保护材料的浓度曲线

二　加固液的性能

1. 加固液的流体力学特征

加固液作为流体应该具有流体的特性，这些特性包括：

（1）加固剂分散体在单一分散剂中的黏度曲线及流体力学特征。

（2）加固剂在混合分散剂体系中的黏度曲线及流体力学特征。

2. 加固液的表面特性

主要是加固液与土的相互作用特性，它影响着加固剂液对土体的渗透能力和渗透速度。

如果溶剂不同，则与土的作用不同，不但影响加固过程还要影响加固的效果。

所有这些只有通过对加固剂与土的表面化学研究获得，由于内容复杂，未深入研究。有关工作可参考石油工业的乳液驱油和工程灌浆工作者对表面化学的研究[①]。

3. 加固剂的储存稳定性

加固材料的储存稳定性关系到材料的制备、运输、施工等方面，如果材料制备后不稳定，则必须在制备后立即使用，这样将使各个方面工作的时间受到影响与限制。

对 BU 类材料制备后的稳定性进行了检查，这些材料包括1998 年以来制备的多种加固剂样品，样品储存的条件是室温，也有一些样品曾在室外过冬过夏。

从色泽看，多数的加固剂没有变化，仍然为无色透明，少数的色泽有些变黄，这与材料的自然老化有关。

从黏度看样品的黏度没有变化，仍呈黏稠的液态，说明加固剂在储存过程中比较稳定，没有发生颗粒之间的交联现象。

---

① 叶林宏，何泳生，冼安如，任克昌等：论化灌浆液与被灌岩土的相互作用。岩土工程学报，1994 年 11 月（第 16 卷 6 期）。

　　将多种加固剂稀释到合适浓度对土样进行加固，当溶剂完全挥发、土样重量稳定后，发现土样的色泽基本没有变化，耐水试验发现土样具有良好的耐水性。

　　通过这些检验说明 BU 类加固剂在通常条件下储存是不影响使用效果的。但是建议根据用量制备材料，以免过多地占用材料、容器和空间，材料具有燃烧能力，储存具有危险性。

　　4. 加固剂的稳定性

　　有关非水体系的稳定性，还没有相应于水乳液的性能如机械稳定性、冻融稳定性、高温稳定性等指标，所以难以描述。研究中制备的加固液在室温下存放一年，至今仍然可用。另外三种加固剂在 3% 浓度时能与水以 1∶1 的比例混溶，并可用来加固土样，由此说明体系有好的稳定性。

第三节　加固膜性能

　　加固剂固结后耐受自然破坏的能力关系到加固的长期效果，这些性能包括耐光、耐热、耐霉菌等的能力。为了检验 BU 系列加固剂固结后的耐老化性能，并与各种加固剂比较，对 BU 系列加固剂以及 TEOS、B—72、AC—PU、S—PU 等材料的耐老化性能进行了检验。并对 BU 系列加固剂的微观结构等性质进行了检测。

一　显微结构

　　将 31J 加固剂稀释为 3%，然后涂在单晶硅片上，在常温的室内环境下使溶剂挥发，用扫描电镜观察其表面形貌。使用仪器为美国 AMRAY 公司生产的 AMRAY 1910FE 型扫描电镜，结果见图 3—2。

　　由图 3—2 可见在 300 倍的倍率下，3 种非水分散体材料在很低的浓度下就可以成膜，所成的膜为起皱的连续薄膜，说明这类材料在常温下具有良好的成膜能力。

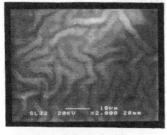

31J

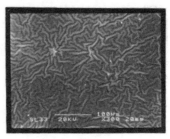

21J

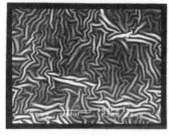

图3-2　三种非水分散材料
所成膜的形态

54J

二　红外光谱

仪器：Nicolet 公司的 Magna—IR 750 傅立叶变换红外光谱仪。

对三种加固剂膜及三种乳液所成膜进行了红外光谱测试，以便进行比较。结果如图3—3。

三　差热曲线

测量用仪器为DSC2010差示扫描量热仪。

对31R、21R、54R三种加固剂及31R、21R、54R三种乳液所成的膜进行差热分析，测定其玻璃化转变温度。差热曲线见图3—4。

由图3—4可见：

31R、21R、54R三种乳液的 Tg 分别为 42.90℃（31R）；17.22℃（21R）；－3.13℃（54R）。

31J、21J、54J三种加固剂的 Tg 分别为 15.62℃（31J）；

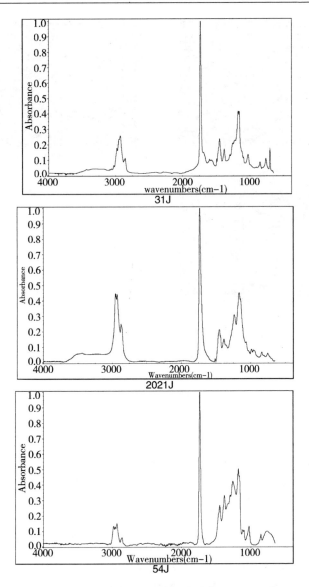

图3—3　三种非水分散材料所成膜的红外光谱

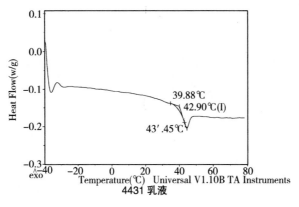

4431 乳液

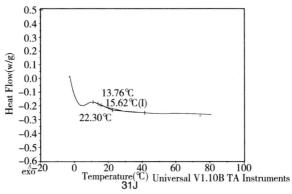

31J

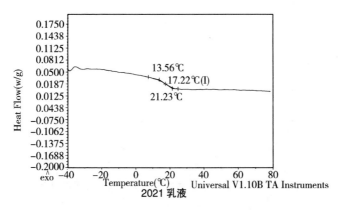

2021 乳液

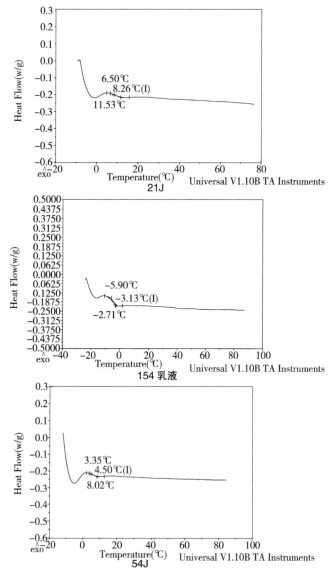

图3—4   三种乳液和形成的非水分散材料的差热曲线

8.26℃（21J）；4.50℃（54J）。

三种乳液的 Tg 与厂家提供的相似；

三种乳液经转化后，BC4431、BC2021 的 Tg 有所降低，BA154 的 Tg 有所提高。

经过水—有机相的转变，所成膜的差热峰变得比较平缓，原因可能是所成的膜中有季铵盐表面活性剂。

四　紫外老化试验

对文物保护中使用的加固剂，尤其是室外使用的加固剂来说，耐紫外老化能力是一个重要指标。

试验中对各种加固剂膜进行紫外老化，然后测量颜色变化。程序如下：

（1）取面积 40mm×60mm 的搪瓷盘，洗净晾干。

（2）将三种加固剂的分散液、B—72 树脂的溶液、聚酯树脂、双组分聚氨酯等材料分别涂在盘内，待固化后放在紫外灯下照射。所使用的紫外灯为北京海淀空后高温复合材料厂生产的石英紫外线杀菌灯，功率为 15 瓦。灯与瓷盘的距离为 25cm。总照射时间为 3000 小时。

（3）在照射前以及照射后每隔半个月的时间内测量颜色变化。所得黄度值（YI）为相对于标准白板的黄度值。

测量仪器为北京光学仪器厂生产的 TC—1 型测色色差计。测量结果见表 3—7，图 3—5。

表 3—7　各种加固剂膜的紫外老化色变表

时间（日）	加固剂的黄度值/YI					
	B—72	31J	21J	54J	AC—PU	S—PU
0	−5.06	10.74	12.61	1.61	−2.09	4.15
15	−2.9	7.49	−0.03	0.15	18.03	38.03
30	1.09	31.43	1.4	1.27	28.69	47.29
45	3.54	43.61	6.42	5.02	29.94	48.8

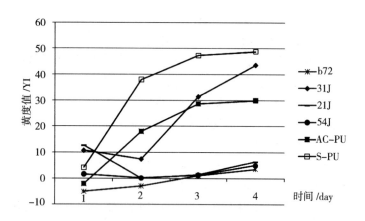

图3—5　加固剂老化变色图

从图可以看出：

相对于标准白板的 YI 变化大小为：

S—PU > 31J > AC—PU > 21J > 54J > B—72

由此可见聚氨酯的色变最大，聚酯的色变在第三位，31J 加固剂的色变超过了聚酯，其次是 21J、54J，B—72 树脂变化最小。

31J、21J、54J 三种材料所成膜的色变是 31J 较大，原因在于它是苯丙类材料。因为含有苯环，苯环易在光的作用下老化，而后两种是纯丙烯酸类的，丙烯酸树脂比较耐老化。

另外对 31J、21J、54J 三种加固剂的膜经紫外老化后进行红外光谱测定，结果见图3—6。

由图3—6可见，经过紫外老化后，各种加固剂的膜在紫外光的作用下，均有一些谱峰增减与迁移，所出现的差别主要是 —CH_2峰的减弱与—CH_3 峰的加强。另外还有羰基峰增强的现象。但整个谱图变化不大，说明各种加固剂在紫外光作用下，比较稳定。

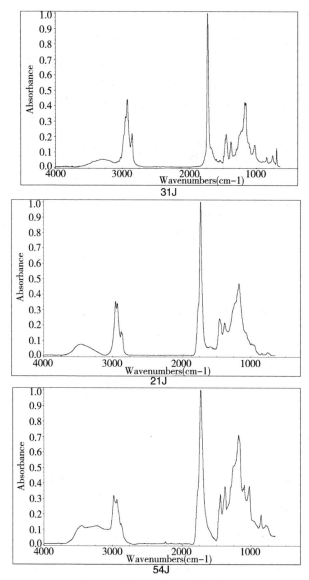

图 3—6　3 种非水分散体材料紫外老化后的红外谱图

五　热老化试验

耐受热老化的能力采用以下方法进行测量。

样品制备方法与紫外老化相同。样品固化后测量黄度值，然后在100℃±3℃的烘箱中烘烤，每隔一段时间测量一次黄度值，经过100小时的老化，将所得的黄度值变化制表作图，如表3—8，图3—7。

表3—8　各种加固剂膜热老化黄度值（YI）表

时间 t/h	黄度值/YI						
	B—72	31J	21J	54J	S—1J	AC—PU	S—PU
0	−6.99	4.42	−0.16	−2.84	−4.32	−2.8	7.85
5	−8.18	15.36	6.84	4.76	6.46	63.66	12.76
10	−6.82	21.79	13.86	12.21	21.92	83.93	60.11
15	−6.79	22.38	14.24	12.76	19.86	89.88	80.09
20	−7.65	24.15	17.99	19.06	27.21	99.19	100.05
25	−6.87	23.45	17.04	16.23	27.23	103.82	120.21
30	−7.61	26.64	19.6	19.11	27.09	105.72	134.31
40	−7.67	24.11	19.26	19.96	25.09	110.41	133.85
50	−7.34	24.56	19.48	21.03	25.89	109.62	142.23
60	−7.06	25.24	17.73	22.22	29.27	118.95	160.56
70	−6.37	27.63	20.34	21.75	24.35	121.49	165.22
80	−6.44	26.55	17.64	24.83	27.38	125.95	170.33
90	−6.6	26.39	17.18	27.88	26.13	128.82	180.10
100	−7.45	30.75	19.49	25.25	28.84	122.09	183.22

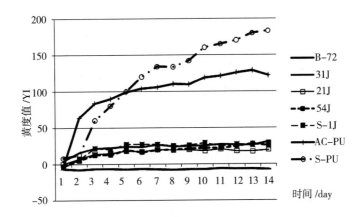

图 3—7　多种加固剂的热老化色变曲线

从图上可以看出：

相对于标准白板的黄度值（YI）变化大小为：

S—PU > AC—PU > 31J > 54J > 21J > B—72

由此可见聚氨酯的色变最大，聚酯的色变次之，31J、21J、54J 三种加固剂的色变小于聚酯，B—72 树脂变化最小。

三种材料 31J、21J、54J 所成的膜色变最大的是 31J，原因同前述。

另外对 31J、21J、54J 加固剂热老化后的膜进行了红外光谱测定，见图 3—8。

由图可见，三种加固剂中 31J 与 21J 的谱图变化较大，说明这两种加固剂耐热不如 54J。

三种加固剂在热老化中均出现亚甲基（—CH$_2$）峰减弱，甲基（—CH$_3$）峰加强的现象，证明树脂的主链在热的作用下有断裂的情况，也许是加固剂膜中季铵盐类材料挥发导致的。

热老化的谱图变化大于紫外光老化的谱图，说明加固剂膜在热的作用下，老化较快。

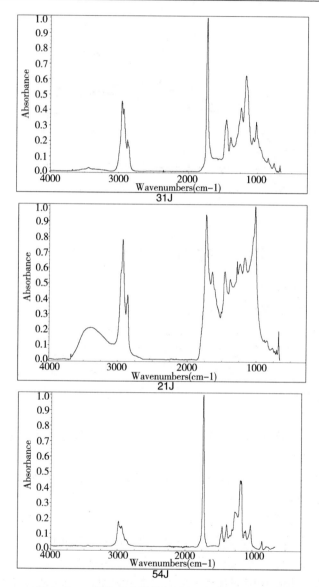

图3—8   3种非水分散体材料热老化后的红外谱图

总地看来，三种加固剂的色变不大，证明它们的耐热老化能力较强。热老化后的膜仍具有柔软性，可折叠，说明热老化后对膜的性能影响不大。

加固剂膜是丙烯酸树脂与季铵盐的混合物，红外光谱中所反映的现象比较复杂，有待进一步研究。

六 耐霉菌

耐霉菌试验参照 GB 1741—79 漆膜耐霉菌测定法并有所改动，具体如下：

a. 用装有察氏培养基的表面皿在空气中放置一段时间，使沾染霉菌，然后放在温度为 27℃，相对湿度为 94.5% 的霉菌培养箱中培养，产生杂菌。

b. 将直径 9mm 的培养皿洗净晾干，然后将一定量稀释后的加固液倒入培养皿中，使溶剂挥发，加固剂成膜。

c. 取培养的杂菌少许，按两种方式进行试验，一种方式是将杂菌掺入蒸馏水中，摇匀，喷在有样品的培养皿中；另一种将杂菌直接种在有样品的培养皿中，放在霉菌培养箱中培养，条件为温度 27℃，相对湿度 94.5%。定期观察霉菌生长情况。

经过 3 周的培养，没有发现霉菌在加固膜上生长。

为了进一步证明膜对霉菌的耐受能力，进行了另一个试验，程序如下：

a. 将培养皿洗净，烘干，将三种加固剂的稀释液倒在培养皿中，使溶剂挥发成膜。

b. 将察氏培养基加热使成液态，倾入培养皿，使覆盖半个皿底，并冷却为胶态；这样培养基有一半与加固剂的膜接触。

c. 将培养的霉菌种在培养基上，放到霉菌培养箱中培养，一天后发现霉菌迅速生长，3 天后观察，可见霉菌在有培养基的一半已经长满，但在另一半无霉菌生长。

d. 将皿倾斜，轻弹使霉菌孢子落在有加固膜上，观察生长情况；7~21 日内未发现霉菌在膜上生长。

　　试验结果见图版3，由此证明加固剂膜有抑菌能力。

　　因为试验中使用的 NT—11 为季铵盐类阳离子化合物，这类材料常用作杀菌防霉剂①。

　　为了进一步检验 NT—11 对霉菌的抑制能力，将一片滤纸用 NT—11 的环己烷溶液（1:4）浸泡，放在加有培养基的表面皿中，在距离滤纸边缘 2cm 处加入几种霉菌，次日发现霉菌生长，但不能靠近滤纸，只在滤纸边缘外的 0.5 cm 以外生长。抑菌环在 14 日内仍然存在，证明 NT—11 对霉菌有抑制作用。

　　在使用非水分散体材料进行的现场加固试验中，发现这类材料对霉菌有好的抑制作用，如在秦陵 6 号坑的加固试验。

第四节　加固剂所成膜的性能

一　加固剂所成膜的玻璃化转变温度

　　对非水分散体所成膜的玻璃化转变温度测定②③结果发现丙烯酸树脂以乳液状态形成的膜，其玻璃化转变温度（T_g）均高于相应的经过转化后以非水乳液状态形成的膜的玻璃化转变温度。这种情况形成的原因是由于在转化过程中，对乳液中丙烯酸树脂颗粒进行聚沉的阳离子表面活性剂在转化完成后进入了聚沉物中，并在用有机溶剂分散的过程中得到分散，当非水分散体成膜时，阳离子表面活性剂与丙烯酸树脂颗粒在分散剂挥发后共同形成膜状物。根据高分子物理的原理，当分子量高的聚合物中混合有小分子量的分子后，其玻璃化转变温度降低，这就是玻璃化

---

　　① 梁梦兰编著：表面活性剂。北京：科学技术文献出版社，1990（第一版）。第 166～168 页。

　　② 周双林：土遗址防风化加固保护材料研究及在秦俑土遗址的试用。北京大学博士论文：第 30 页。

　　③ 周双林：土遗址防风化加固保护材料研究及在秦俑土遗址的试用。北京大学博士学位论文。

温度转变后降低的原因①。

　　玻璃化转变温度影响着加固剂最后所成膜的机械性能。通常情况下由 NT—11 聚沉的乳液分散后所成的膜透明而具柔韧性，在拉力作用下可以伸缩，较大的拉力则使膜撕裂。

二　加固剂所成膜的化学特性

　　在前文②中已对膜的化学性能进行了检测，发现加固剂所成的膜化学稳定性较好，具有耐受光、热老化的能力。

　　采用天津泰斯特仪器公司生产的 101 型电热鼓风干燥箱，将 31J 加固剂用 100℃ 的条件加热老化。在不同时间段内取样检测红外光谱，发现在 2000 小时内几乎没有变化，从外观看膜除了发黄外，整体完整坚硬，机械性能很好，说明材料耐受热老化的能力很好，有关结果见本书第四章第三节二代材料的研制。

三　膜中 NT 的存在

　　分散体成膜后，阴、阳离子表面活性剂的反应物在颗粒之间夹杂着，但是这种夹杂也是靠化学力与膜连接着的，曾经试图采用环己烷溶剂洗脱膜中的阴、阳离子表面活性剂的反应物，结果发现用环己烷溶剂能够洗脱的物质很少，与 NT 在加固剂膜内的重量比例差别很大，由此说明阳离子表面活性剂在膜内不是简单地以混合物存在而是与其他物质有化学的连接。

　　具体的试验方法如下：将 31J 的加固剂注入培养皿中，使溶剂挥发而固化，然后在 100℃ 的烘箱中烘 1 小时，取出在干燥器中放置 12 小时，称重，结果为 0.649g。

　　将加固剂的膜用 200mL 的环己烷浸泡 3 小时，并不断摇动，然后干燥，共洗涤 3 次。然后在 100℃ 的烘箱中烘 1 小时，再在

---

　　①　刘风岐，汤心颐：高分子物理。北京：高等教育出版社，1995，10（第一版），第 213～221 页。

　　②　周双林，土遗址防风化加固保护材料研究及在秦俑土遗址的试用。北京大学博士学位论文。

干燥器中放置 12 小时，称重，结果为 0.600g。经过洗涤后加固剂膜失重 0.049g，而在聚沉过程中 NT—11 与乳液中固体物质的比例为 0.84。

第五节　加固剂加固过程特性的检测

在本试验中测量了 31J、21J、54J 三种加固剂，以及正硅酸乙酯、B—72 树脂、聚酯树脂、聚氨酯树脂等材料对 310 土柱 270 土柱的渗透速度，对加固剂在土体内的分布情况进行了检验，并对溶剂挥发和材料固化时间进行了研究。

一　标准土样的制备

1. 选土

选择北京昌平的次生黄土为实验材料，将土过筛，去掉大颗粒，然后粉碎。控制湿度一致。

2. 制备标准土样

使用的工具：制抗压试模，北京工具厂生产，公路土工实验用。内径 $\Phi 50mm \times 200mm$ 的钢筒一个，$\Phi 50mm \times 50mm$ 的钢柱两个。10 吨千斤顶一个。

采用制抗压试模可以将黄土压成 $\varphi 50mm \times 100mm$ 的圆柱形土样。

3. 土柱风干：风干的土样可以用来进行加固实验。

根据文献，西北黄土的孔隙率在 40.1% ~ 53.1% 之间[1]，为了模拟黄土的不同孔隙率，本试验采用含水量为 9.5% 的土制备湿重为 310 克、270 克的标准土柱，使孔隙率各为 41.1%（310 土柱）、48.8%（270 土柱），以代表黄土孔隙率的下限和上限。

---

① 刘祖典编著，黄土力学与工程，陕西科学技术出版社，1997（第一版）。第 15 页。

二 性能检验

1. 渗透速度

测量方法是将土柱放在玻璃槽内，然后将不同种类各种浓度的加固剂分别倒入槽内，使液体保持在 5mm 的高度，定时测量其渗透高度。通过实验比较各种加固剂不同浓度的渗透速度，可以发现：

a. 对相同材料，浓度提高，渗透速度降低。

b. 31J、21J、54J 三种加固剂在相同浓度下的渗透速度比较为：31J > 21J > 54J。

c. 31J、21J、54J 三种加固剂在低浓度下渗透速度与 TEOS、B—72、AC—PU、S—PU 相当，但在高浓度（>5%）下，渗透速度极慢，实际加固时难以使用。而 TEOS、AC—PU、S—PU 在很高的浓度下仍可渗透土柱。

d. 31J、21J、54J 三种加固液在相同的浓度下，对 310 土柱的渗透速度为 31J > 21J > 54J。

3 种非水分散体材料和 B72 使用浓度为 3%，AC—PU 和 S—PU 浓度分别为 12% 和 25%，将渗透高度对渗透时间作图，如图3—9。

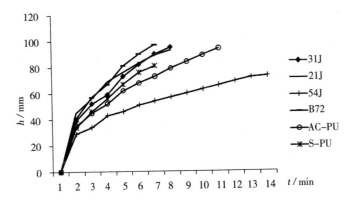

图3—9 不同加固剂对土样的渗透速度

2. 渗透深度与加固剂分布情况

检验加固剂渗透深度与分布的方法是染色法。

染色法的原理是黏土矿物可以吸附一些染色剂，从而具有某种颜色，而经加固剂处理的土不吸附染色剂，所以仍具有土的颜色。

常用的染色剂为亚甲基蓝，汞溴红，双硫腙等。

本试验采用亚甲基蓝水溶液做染色剂，在染色时用脱脂棉蘸取溶液涂抹断开的土样，然后用水冲洗。各种材料的情况如下：

B—72 树脂处理的土柱内部吸附染色剂很快，而外部不吸附染色剂。这说明 B—72 树脂处理的土柱有明显的加固剂回迁表聚现象。

BU 系列加固材料在对 310 土柱的渗透中，加固剂与分散剂有轻微层析现象，在下层 80mm 以内只有部分可以被染色，说明加固剂已有分布，而上部 20 mm 染色均匀，说明没有加固剂或加固剂量很少。

270 土柱，可见染色剂只在能对剖面的部分进行染色，而且未染色的部位在土柱内均匀分布，边缘和内部相同，这种现象说明加固剂渗入土体并分布均匀。说明 31J、21J、54J 对 270 土柱的渗透中分布均匀。

3. 加固剂与土的亲合作用

加固剂与土的亲合作用可以用渗透速度表征。通过实验发现非水分散体加固剂对土样的渗透速度高于水对土样的渗透速度，表明加固剂比水容易润湿土的表面，也即与土的亲和力大于水对土的亲和力。

4. 溶剂挥发和加固剂的固结时间

加固剂使用后，为了达到使聚合物微粒固化加固土体的目的，就需要使溶剂挥发。由于溶剂的沸点都不高，因此在常温下的开放空间中，是容易气化而逸出土体的。

对采用非水分散体加固剂处理的土样的溶剂挥发速度进行了初步测量，方法是将干燥和潮湿的土样用相同浓度的加固剂浸透，然后在自由空间使溶剂挥发，或采用厚纸将侧面和底面封闭，模拟加固剂进入土中的条件挥发，固定时间间隔记录重量变化，结果如图3—10。

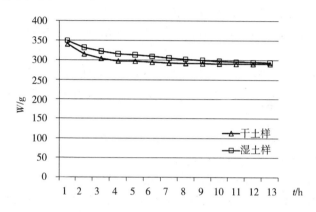

图3—10　干湿土样失重曲线

由图3—10可见，干湿土样在30多个小时后溶剂挥发已接近终点。干燥土样失重快，是因为丁酮挥发速度高，而湿土样失重缓慢，因为水的沸点高，挥发速度低于丁酮。

通常情况下，被加固的土样在3—7天内就可以进行加固效果检验，如耐水、抗压强度等。这时加固的土样已经具有好的耐水性，抗压强度也比空白土样的抗压强度提高很多，说明这时加固剂已基本固化。

第六节　加固效果实验室检验

一　加固材料及加固样品制备

为了检验BU系列加固剂的加固效果，并与各种加固剂进行比较，对这些加固剂的加固效果进行了各种性能检验。采用各种加固剂对标准的土样进行加固，然后对各种性能进行检验。

1. 材料与浓度

试验中使用的材料包括：TEOS、AC—PU、S—PU、B—72和31J、21J、54J 三种加固剂。

材料的成分、牌号与厂家：

正硅酸乙酯（TEOS）：分析纯，含量不少于 28%。北京西中化工厂生产。

丙烯酸树脂（B—72）：美国 Rohm and Hass 公司生产。

聚酯树脂（AC—PU）：木珂牌，中山木珂化学工业有限公司生产。

双组分聚氨酯（S—PU）：古象牌双组分亚光漆，上海华生化工厂制造。甲乙组分配比为 1:1。

各种加固剂材料根据情况使用。有的采用一种浓度，有的采用不同浓度。各种加固剂的使用浓度与加固土样的情况如表3—9。

表3—9　加固剂处理样品情况

加固剂	各种加固剂处理土样的浓度	
	310	270
31J	1%，3%	1%，3%，5%，7%
21J	1%	1%，3%，5%
54J	1%	1%，3%，5%，7%
B—72	1%，3%，5%，7%	1%，3%，5%，7%
TOES	14%	14%
AC—PU	3%，7%，12%	3%，7%，12%
S—PU	6.25%，12.5%，25%	6.25% 12.5%，25%
NAD 非水分散材料	3%	3%

各种材料浓度的选定，依据国内外的使用经验：

TEOS：参考秘鲁对土坯建筑保护的方法①。

AC—PU：根据前期试验决定。

S—PU：参考 Richard Coffman 的工作②。

BU系列加固剂：使用浓度根据前期试验决定，原则是在所选定的浓度下，渗透速度可用，加固后有固结效果。

B—72：作为国内外经常使用的加固材料，选择为参比材料。

2. 加固效果检验样品的制备

（1）土样的加固

以上节制备的标准土柱为加固对象，根据试验目的不同采用选定的材料及浓度进行加固，每种材料单一浓度制备样品18个。

加固时将土柱直立于容器中，注入加固剂，维持只淹没土柱底部的状态，并不断补充。加固至加固剂渗至土柱顶部为止。

每个土柱吸收加固剂的量在 80mL~100mL 之间。

（2）固化条件和时间

加固剂处理过的土柱依固结条件不同，分别放在干燥、潮湿的地方使溶剂挥发，敞开或密封使溶剂挥发。

加固剂的固化时间各自不同，各种加固剂的性能检验均在土柱被加固一个月后进行。

BU系列加固剂随溶剂挥发而固化。经过试验土柱时间在3~5天。

（3）效果检验

样品制备完成，进行以下检验：

a. 颜色变化；

---

① 中国对外翻译出版公司：文物保护中的适用技术。北京，1985（第一版）。第109页。

② 6th International Conference on the Conservation of Earthen Architecture. LAS Cruces，New Mexico，U. S. A. October 14—19，1990. p250.

　　b. 孔隙率改变，孔隙率分布改变，透气性变化；

　　c. 抗压强度；

　　d. 耐水，耐冻融，耐盐，安定性，耐热老化试验。

二　检验方法及结果

1. 颜色变化

　　加固剂处理要求尽量不改变文物的颜色。试验中以测色色差计测量土样加固前后的颜色变化，仪器为北京光学仪器厂生产的 TC—1 测色色差计。结果可以得出三刺激值（x，y，z），试样明度 L。

　　x、y、z 代表 CIE1964 表色系统中的 x_{10}、y_{10}、z_{10}，L 是 1976 年 CIE 推荐表色系统中的指标，代表试样的明度。黄度值测量结果见表 3—10。

表 3—10　土柱处理后色差变化

			三刺激值			L
			x	y	z	
31J	310	1%	17.58	17.78	10.05	49.18
		3%	15.65	15.75	8.95	46.45
	270	1%	14.49	14.68	8.10	45.16
		3%	13.56	13.74	7.70	43.85
		5%	15.43	15.69	8.62	46.50
		7%	10.80	10.94	5.67	34.79
21J	310	1%	17.91	18.33	10.71	49.88
		3%	18.40	18.83	11.36	50.47
	270	1%	14.65	15.02	8.43	45.66
		3%	14.71	14.96	8.38	45.58
		5%	14.58	14.75	7.79	45.27

续表

			三刺激值			L
			x	y	z	
54J	310	1%	17.98	18.47	11.41	50.04
	270	1%	14.51	14.70	8.42	45.21
		3%	14.16	13.95	7.29	44.16
		5%	14.46	14.55	7.68	45.01
		7%	13.17	13.31	7.60	43.19
AC—PU	310	3%	17.65	17.94	11.07	49.42
		7%	13.69	13.78	8.75	43.84
		12%	18.85	19.75	14.07	51.50
	270	3%	14.48	13.52	7.54	43.54
		7%	9.92	9.93	5.71	37.22
		12%	14.82	14.88	9.22	45.45
S—PU	310	6.25%	8.76	7.48	4.34	34.96
		12.5%	9.47	9.17	4.72	36.31
		25%	15.56	16.33	12.62	47.28
	270	6.25%	12.03	12.77	7.37	42.26
		12.5%	7.88	8.11	4.39	34.21
		25%	13.41	14.33	10.69	44.58

续表

		三刺激值			L
		x	y	z	
B—72	310	1%	16.17	16.26	9.48	47.31
		3%	12.17	12.17	7.44	41.48
		5%	12.58	12.68	8.12	42.14
		7%	12.75	12.72	7.64	42.32
	270	1%	12.62	12.47	6.62	41.94
		3%	10.23	10.09	5.49	38.01
		5%	11.31	11.35	6.45	40.13
		7%	10.90	10.88	6.22	39.37
TEOS	310	16.72	16.85	9.74	48.05
	270	15.05	15.27	8.90	46.00
空白	310	16.48	16.68	9.16	48.95
	270	17.97	18.16	9.97	48.58

由表 3—10 可见，31J、21J、54J 三种加固剂和 TEOS 处理土柱的三刺激值与空白差别较小，而 AC—PU、S—PU、B—72 处理土柱三刺激值与空白相差较大。

加固后土柱颜色变化的情况如下：

31J、21J、54J 三种加固剂以 0.5%～3% 浓度处理的土柱颜色没有变化，5%～7% 浓度处理的土柱在下部有颜色变化，原因是加固剂黏度高，溶剂和加固剂分离，造成加固剂浓缩而难以渗透。这种现象在实际工作中可以避免，因为使用 3% 以下浓度加固效果已经很好。

TEOS 处理的土柱颜色基本不变，但是如固化条件不当，局部出现一些白色，推测是二氧化硅（SiO_2）形成的结晶或者是胶体，这与湿度太高，材料水化迅速有关；

B—72、AC—PU、S—PU各种浓度处理的土柱出现明显的颜色变化，而且多出现局部颜色加深，与处理前土柱的颜色差别较大。

各种加固剂处理土柱的照片见图版4。

试验中对取自秦俑一号坑的土块进行了加固试验，试验证明，3%以下加固剂处理的秦俑土块即使不封盖在自然状态下挥发溶剂，也不会出现颜色变化。1%以上浓度处理的土块不会出现水中崩解现象。

颜色的变化可通过一些措施进行控制，如可采用薄膜覆盖的办法。试验中用塑料薄膜将B—72、AC—PU、S—PU处理的土柱包裹起来，减小溶剂挥发速度。三种材料处理的土柱虽然颜色加深有一些减轻，但局部深色斑难以控制，证明这种方法效果不明显。也说明这种颜色加深难以控制。

3. 孔隙率改变

测量的方法根据ISO5017：1998（E）测量孔隙率的方法①。因一些土样不耐水，因此以煤油替代试验中使用的水。

测量方法：称量土样在空气中的重量（W_1），然后将土样放入装有煤油的真空干燥器里，使土样浸入煤油中，反复抽真空（真空度在 -0.095Mpa）。使土样中的空气排尽，然后在油中称量土样的重量（W_2）。再将土样迅速取出，擦掉多余的煤油，称量土样饱和煤油的重量（W_3）。依下列公式计算土样的孔隙率：

孔隙率（n）＝（$W_3 - W_1$）/（$W_3 - W_2$）

所得的结果见表3—11。

---

① ISO5017：1998（E），Dense shaped refractory products—Determinated of bulk density，apparent porosity and true porosity.

表3—11　加固前后土样的孔隙率变化

310 土样 a

加固剂浓度/%	孔隙率/n			
	31J	21J	54J	B72
0	41.2	41.2	41.2	41.2
1	42.1	42.0	40.9	42.4
3	42.1	41.0		41.9
5				41.6
7				39.9

310 土样 b

加固剂浓度/%	孔隙率/n			
	TEOS	AC—PU	S—PU	S1—J
0	41.2	41.2	41.2	41.2
3		41.1		41.3
6.25			40.7	
7		40.3		
12		40.5		
12.5			40.0	
14	39.8			
25			37.0	

270 土样 a

加固剂浓度/%	孔隙率/n			
	31J	21J	54J	B72
0	48.7	48.7	48.7	48.7
1	48.5	49.4	50.7	49.1
3	48.4	49.3	49.5	48.3
5	49.0	49.3	49.1	48.1
7	48.6		47.8	46.1

270 土样 b

加固剂浓度/%	孔隙率/n			
	TEOS	AC—PU	S—PU	S1—J
0	48.7	48.7	50.4	50.4
3		48.3		50.4
6.25			46.4	
7		47.6		
12		47.5		
12.5			45.9	
14	45.7			
25			43.6	

由表可见，各种材料处理图样的孔隙率改变如下：

31J、21J、54J 三种加固材料采用 1%、3%、5%、7% 浓度处理的土柱孔隙率在空白的左右变动，变化不大。

TEOS/乙醇 = 1：1 处理的土样孔隙率改变在 3 个百分点左右。

B—72 以各种浓度处理的土样孔隙率改变最大在 2 个百分点左右。

聚酯树脂处理后的孔隙率改变在 1% 以内。

双组分聚氨酯材料处理后的孔隙率改变较大，最多达到近 7 个百分点。

影响孔隙率改变的因素包括加固剂使用量，加固剂固结后在土内的赋存状态，如在那些直径的孔隙内分布以及固结后颗粒的大小等。

土样制备过程中，由于重量和高度差别所引起的孔隙率的误差对本试验的结果也有影响，以致某些加固的土样孔隙率大于空白，这是由于误差造成的。

4. 孔径分布改变

加固剂进入土体后处于什么位置，对孔隙有否堵塞，是评价加固效果的一个重要指标。

孔隙分布的检验方法有光学法、等温吸附法、汞压入法等。

本试验采用汞压入法。使用仪器为美国 QUANTACHROH 公司生产的压汞孔隙仪，最大压力为 33000psi（2250atm），压入的最小孔径为 32Å。实验中测量土样在 14000～32Å 范围内的孔径分布改变情况。

在试验中对 31J、21J、54J 三种加固剂 3% 浓度处理的秦俑土块以及空白土块进行了样品孔径改变测定，以孔径对压入汞的变化作图，结果可见图 3—11。由图可见，与空白比较，三种加固剂处理土样的压入体积都有变化，小于空白样品，但差别不大。

5. 透气性

透气性的检验，是判断加固材料堵塞土的孔隙的常用方法，良好的加固剂不应或尽量少堵塞土体孔隙。

试验方法：将取自昌平的黄土粉碎，用 20 目的筛网筛分，将筛出的粉土用制抗压试模压成直径 50mm、厚为 10mm 的饼状

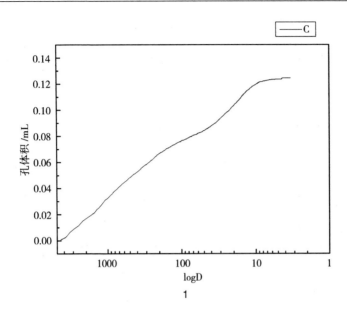

1

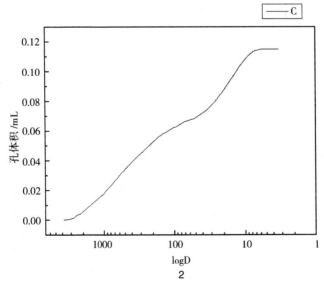

2

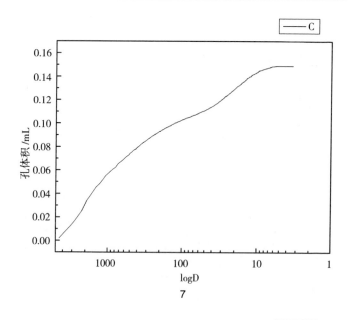

7

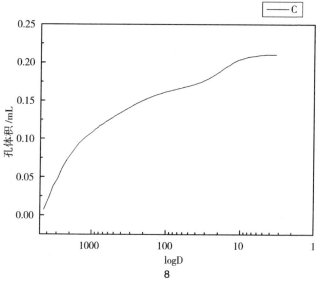

8

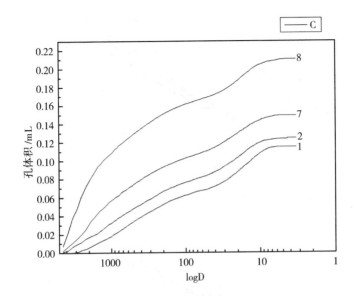

图3—11　样品孔隙率改变图

(8—空白样品，7—31J的样品，2—21J的样品，1—54J的样品)

薄片，然后以31J、21J、54J三种加固剂分别以1%、3%、5%、7%的浓度加固，每个浓度做三个平行试片。将土片盖在直径为50 mm、装水的塑料烧杯上，用聚四氟乙烯胶带将接口封严，放在温度与湿度相对稳定的环境里。一定时间间隔内称量失水量，将累积失水量对时间作图。比较同一加固剂不同浓度的透气性。

结果见图3—12。

由图可以见，31J、21J、54J三种加固剂以不同浓度处理的土样，在相同时间段内的失水量有所变化，表现为随浓度增加失水量减小，但减小不大。说明加固剂处理后，基本不影响土的透气性。

6. 抗压强度

(1) 方法：将各种加固剂处理过的土样进行抗压试验，仪器为无锡建筑材料仪器厂生产的 NYL—60 型压力试验机（对

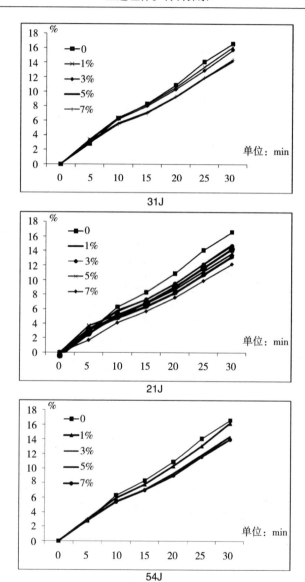

图3—12 3种加固剂处理土样的透气性曲线

310 土柱进行试验）与南京土壤仪器厂生产的 DW—1 应变式无侧限压缩仪（对 270 土柱进行试验），结果可见表 3—12。

表 3—12　加固土样的抗压强度变化

310 土样 a

加固剂浓度/%	压力/N			
	31J	21J	54J	B72
0	1666	1666	1666	1666
1	1960	2156	3096.8	1940.4
3	3136	2900.8		2342.2
5				2322.6
7				2606.8

310 土样 b

加固剂浓度/%	压力/N			
	TEOS	AC—PU	S—PU	NAD
0	1666	1666	1303.4	1303.4
3		2205	1176	2508.8
6.25				
7		3185		
12		3508.4		
12.5			1617	
14	4194.4			
25			2548	

270 土样 a

加固剂浓度/%	压力/N			
	31J	21J	54J	B72
0	460.6	460.6	460.6	460.6
1	490	686	490	617.4
3	661.5	980	950.6	774.2
5	989.8	1342.6		803.6
7				

270 土样 b

加固剂浓度/%	压力/N			
	TEOS	AC—PU	S—PU	NAD
0	460.6	460.6	196	196
3		950.6		715.4
6.25			186.2	
7		1225		
12		1519		
12.5				
14	931			
25			931	

从表可以看出以下结果：

各种加固材料都有提高土柱抗压强度的能力。

31J、21J、54J 三种加固剂处理的土柱在 1% 浓度时对强度提高不多，除 54J 对 310 土柱提高 1.8 倍外，其他均只提高 1.32 倍左右。至 3% 浓度时可提高 2 倍，至 7% 时提高在 2.7~4.0 倍；

TEOS 处理的土样抗压强度提高情况，310 土柱提高 2.5 倍，270 土柱提高 2 倍。

聚酯在 12%，聚氨酯在 25% 的浓度时，可使强度提高 2 倍（310 土柱），3 倍（270 土柱）。

B—72 树脂提高土柱抗压强度的能力，7% 浓度时，310 提高 1.5 倍，270 提高 1.9 倍。

本书中倍数的意义：1.8 倍为原值×1.8，其他类推。

7. 耐水性试验

方法：将加固剂处理过的土样放入盛有水的槽中，观察记录试样在水中的变化，如脱落、开裂、崩解等情况及发生的时间。试验分两步进行，首先对各种加固剂处理的样品进行耐水性检验，然后对耐水性优秀的样品（在水中浸泡 24 小时无变化）进行长期耐水试验。

结果见表 3—13。

表 3—13　各种材料的耐水试验

a. BU 加固土样耐水试验

310 土柱

样品		耐水表现	长期耐水能力（浸泡三个月）
31J 310	0.5%	入水后上表面脱粉，1′10″秒下部块状脱落，2′倒塌	
	1%	入水后上层呈粉状脱落，至次日余下部 70mm，有开裂	
	3%	入水后上层表面有土脱落，至次日余上部 93mm	完好
21J 310	0.5%	入水后上层膨胀，并开始脱落，3′时上部呈帽状，并不断有土掉下	
	1%	入水后土呈粉状迅速脱落，至次日仅余下部 30mm	
	3%	入水后土呈粉状迅速脱落，至次日仅余下部 25mm	
54J 310	0.5%	入水后上层 60mm 潮湿，并开始掉土，3′倒掉	
	1%	入水后土呈粉状迅速脱落，至次日仅余下部 35mm	

270 土柱

材料		耐水表现	长期耐水能力 （浸泡三个月）
31J 270	0.5%	入水后掉土，1′10″上层部分脱落，10′塌为三角状，并有开裂	好，无变化
	1%	2′后底部出现细微横裂，9′上部出现细微横裂，次日出水除小裂纹外完整	
	3%	2′后底部出现细微横裂，次日出水除小裂纹外完整	
	5%	9′上部出现横裂，次日出水除小裂纹后完整	
	7%	2′后底部出现细微横裂，次日出水后完整	
21J 270	0.5%	入水后上层局部开始脱落，7′从中部开裂，并迅速倒塌	完好，无变化
	1%	入水后上部有脱落，次日出水除上部脱落一点外完好	
	3%	无变化，次日出水完好	
	5%	入水后上部迅速脱落，余下部60毫米	残余部分无变化
54J 270	0.5%	5′下部出现裂纹，13′下部脱块，15′后倒塌	完好，无变化
	1%	入水后上层局部脱落，次日出水除上部掉一点外，完好	
	3%	入水无变化，次日出水完好	
	5%	入水无变化，次日出水完好	
	7%	12′下部出现纵裂，并逐渐扩大，次日出水除裂纹外完好	除裂纹外，无变化

b. 聚酯聚氨酯土样耐水实验

样品		耐水表现	24 小时后状况	长期耐水能力
AC—PU 270	1	入水后上层潮湿脱落，三分钟后垮掉	余中部，上部脱落，下部烂掉	聚酯、聚氨酯两类材料的土样在水中不到 24 小时全部坍塌，无长期耐水能力
	2	5′下部 25mm 处有横裂，20′后中部有横裂	完整，但有纵横裂纹	
	3	入水上层潮湿，脱落	上部脱落，下部完整	
AC—PU 310	1		上部脱落，余下部 50mm	
	2		仅余下部 40mm	
	3		余下部 55mm	
S—PU 270	1	入水上层湿，2′上层有裂纹，5′裂纹扩大		
	2	25′上部产生横裂，30′产生纵裂		
	3			
S—PU 310	1	入水后上部湿，土开始脱落，9′下部出现裂纹		
	2	9′下部出现裂纹，24′下部裂纹扩大		
	3			

c. B—72 土样耐水试验

材料		耐水表现	长期耐水能力
所有试样在不到 2 小时内	1%	入水后掉土，1′30″坍塌为粉	所有样品在不到 2 小时内崩解，不具长期耐水性
	3%	30′中部出现纵裂，1′30″中部涨裂，5′35″中部开裂，掉土，10′21″坍塌	
	5%	30″中部开裂，5′30″开裂，11′31″坍塌	
	7%	35′中下部出现裂纹，2 小时左右裂为碎块	
B—72 310	1%	35′倒塌	
	3%	3′倒塌	
	5%	25″开裂，1′倒塌	
	7%	入水后开裂，裂纹渐大，2 小时裂为碎块	

d. TEOS 等土样耐水试验

样品		耐水表现	长期耐水能力
TEOS	310	入水后迅速吸水，潮湿	好
	270	入水后迅速吸水，潮湿	
S—1J	310	入水后上部 80mm 吸水潮湿，下部拒水，10′后，从中部开始掉土，量小	好
	270	入水后上部 30mm 湿，下部拒水	
H—1J	310	入水后拒水，无变化	好
	270	入水后拒水，无变化	
NAD	290	3′开裂，8′开始掉粉，11′倒塌	
	270	1′内开裂，倒塌	

由表 3—13 可见，各种加固剂的耐水能力如下：

31J、21J、54J 三种加固剂在低浓度下（0.5%）耐水能力差，入水后短时间内就崩解。

31J、21J、54J 三种加固剂以大于 1% 浓度加固的 270 土柱（31J 使用 1%、3%、5%、7%；21J 使用 1%、3%；54J 使用 1%、3%、5%、7%）均有良好的耐水能力。

21J、54J 两种加固剂 1% 以上浓度对 310 土柱渗透差，出现严重的加固剂富集现象，未能全部渗透土样，只在部分位置存在。加固的土样在耐水试验中，仅留下部 20mm～40mm 的一段。21J 在 5% 时对 270 土样加固时也出现这种现象，仅加固了下部的 60mm。

TEOS/乙醇 = 1∶1 处理的土柱耐水性很好。

B—72 处理的土柱在几分钟至 2 小时左右全部崩塌。内部呈粉状，外部呈块状或壳状，耐水能力很差，进一步验证了反迁现象。

聚酯（AC—PU）处理的土样经过 24 小时的试验后，只有下部的土柱残留长短不等的 50mm～60mm，可能是溶剂与树脂产生色谱分离的结果，残存的部分长期耐水能力尚可。

聚氨酯（S—PU）处理的土样经过试验，在 24 小时后能保持形状，但局部有开裂。

8. 冻融试验

冻融试验的目的是检验加固剂处理土样的耐冻能力，这种试验选择了两个试验方法：一个参照石材与陶瓷等建筑材料耐冻融试验的方法，条件比较苛刻；另一个试验模拟土遗址的实际冻融情况，检验只有表面含水情况下的耐冻能力。

（1）整体潮湿的冻融试验

试验方法参照公路工程石料试验规程中的抗冻性试验（T0211—94）方法[①]。但在试验中只记录样品形状变化情况。

将处理过的土样放在盛水（水温在 20℃）的容器中，使水面淹没土样，浸泡 4 小时后取出，擦去多余水分，将饱水土样置

[①] 中华人民共和国行业标准 JTJ054—94：公路工程石料试验规程。中华人民共和国交通部发布。北京：人民交通出版社，1995（第一版）。第 20～22 页。

于 –25℃的低温冰箱中冷冻 4 小时，取出，放回温度为 20℃的水中 4 小时，再次进行冷冻。多次循环，记录每一个循环土样的变化情况。

耐水试验中 4 小时以内有变化的样品不进行耐冻融试验。

进行耐冻融试验的样品有 TEOS、31J、21J、54J、AC—PU、S—PU、S—1J 处理过的部分耐水样品。结果见表 3—14。

表 3—14　耐冻融试验结果
耐冻融试验（a）

样品		冻融循环				样品完残情况
		第一次	第二次	第三次	第四次	
31J 310	3%	出现开裂	开裂加大	开裂加大	表层脱落	表层脱落
31J 270	3%	开裂	开裂贯穿样品	烂为碎块		碎
	5%	出现纵裂	纵裂扩大	表层脱落	脱落扩大	表层脱落
	7%	开裂	裂纹扩大	裂纹扩大	裂为大块	大块
21J	1%	无变化	同左	同左	同左	好
	3%	无变化	同左	同左	同左	好
	5%	无变化	同左	同左	上层表面局部脱落	好
54J	1%	上层掉土	上层膨胀	余下部50mm	掉土	下部50mm完好
	3%	无变化	上层膨胀	上层裂纹	局部掉土	好
	5%	无变化	无变化	无变化		好
	7%	无变化	上部微小开裂	裂纹扩大	纵裂	
TEOS	310	下部开裂	开裂扩大	烂为块		碎块
	270	下部开裂	下部粉碎	成为碎块		碎块

耐冻融试验（b）

样品			冻融循环				样品完残情况
			第一次	第二次	第三次	第四次	
AC—PU	310	3%	上部20mm入水后崩解	下部出现脱落	残余部分出现裂纹	碎	碎
		7%	上部崩解	下部局部脱落	纵裂	余中部60mm	余中部
		12%	无变化	上部脱落	同左	余中部80mm	余中部
	270	3%	掉土	掉土，下部脱落	成粉状		
		7%	掉土	掉土，下部脱落	成粉状		
		12%	掉土	掉土，下部脱落	余上部50mm		余上部，并有表面脱落
S—PU	310	6.25%	上部烂	掉土开裂	整体烂		烂
		12.5%	无变化	上下部掉土	余中部	中部出现裂纹	残存中部
		25%	无变化	出现开裂	开裂扩大		完整，中部有开裂
	270	6.25%	上部烂	掉土开裂	碎		
		12.5%	完好	上部开裂	开裂扩大	碎	
		25%	完好	出现裂纹	裂纹扩大	下部掉块	上部80mm好
S—1J		3%	无变化	无变化	局部因疏松掉土	同左	局部残

31J 处理的土样在循环中，除 310—3％经 4 个循环冻烂外，其他样品出现表皮脱落，耐冻能力较好。

21J 的样品除 5％在耐水试验中上部表面掉土外，表现很好。

54J 的样品除出现一些细微的裂纹外，效果很好。

TEOS 处理的土样耐冻融能力不好，经过一次循环后已经出现开裂，并且随着循环不断增大，至三个循环已裂为碎块。

聚氨酯处理的土块经过循环，除高浓度的残存部分外，均成为粉状或碎块，证明其耐冻融能力不好。

S—PU 处理的土柱在冻融过程中有掉土和开裂现象，试验完成后 12.5% 与 25% 两种比较耐冻，但仍有残破与开裂。

从以上试验可以发现，加固剂的柔韧性越好，耐冻融能力越强。TEOS 水解后生成的是二氧化硅，没有韧性所以不耐冻。31J、21J、54J 三种材料因为玻璃化转变温度大小为 31J > 21J > 54J，所成的膜柔韧性逐渐增加，所以抵抗水结晶膨胀压力的能力是 54J > 21J > 31J。

（2）局部冻融试验

证明加固处理后土柱局部耐受冰冻的能力。

试验方法：将三个经 31J、21J、54J 处理的土柱与一空白土柱用雾化的水局部打湿，然后放入 -25℃ 的低温冰箱冷冻，一小时后取出，使冰冻融化，再喷湿冷冻，经过五次循环，可见空白土柱表面出现翘曲，并在中部有横的裂纹。而处理过的土柱没有变化。

由此证明经加固剂处理的土柱具有耐受局部冻融的能力，空白土柱不耐冻。

土柱冻融前后的情况可见图版 4。

9. 耐盐析试验

这个试验是检验土样在含盐水分作用下的稳定性。

（1）整体浸泡试验

实验方法：在长方形塑料槽内铺一层细沙，然后将各种加固剂处理过的土样垂直置于沙子上，注入 5% 的硫酸钠溶液，使液面接触土样的底面。观察土样对溶液的吸收情况及相应的变化。试样经过 30 日的吸盐过程后，水分挥发，盐分全部结晶。再次注水，观察土样的形状。结果见表3—15。

表3—15 耐毛细盐试验

a

样品		入水	次日	第四日	第十日	一月后	水干	注水
B—72	1%	三小时倒塌						
	3%	吸水，潮湿	潮湿	上部30mm处有盐结晶，呈针状	上部40mm结晶	上部呈馒头状，棱角被结晶破坏	湿，但能保持形状
	5%				下部软，倒掉		
	7%				上部70mm结晶	上部呈馒头状，棱角被结晶破坏，粉状脱落	湿，但能保持形状
TEOS	310	吸水快，通体湿	湿，局部开裂	裂纹扩大	上部产生块状盐结晶	结晶增多310多270少	外部土呈块状脱落，内部土粉	外部脱落残存中部
	270							
AC—PU	3%	湿	湿	湿	上部出现盐结晶，中部出现盐和土的膨胀	中部土呈粉状脱落	土呈粉状脱落，余核心	粉碎
	7%	湿	湿	湿	仅上部有盐结晶，呈块状	中部土呈粉状脱落	土呈粉状脱落，余核心	粉碎
	12%	湿	湿	湿	仅上部边缘有一白线	仅上部边缘有盐结晶	同左	表面脱粉

续表

样品	入水	次日	第四日	第十日	一月后	水干	注水
S—PU	6.25%	产生纵裂	裂纹扩大	倒，内部湿，外部干				
	12.5%		下部开裂		下部30~40mm处有盐结晶	下部盐结晶，使土粉化，从中部倒，上部干燥		12.5% 25%的土样不吸水，取出
	25%	无变化	无变化	无变化	无变化	完整，仅下部30mm处有盐结晶	完整，仅下部30mm处有盐结晶	

b

样品	入水	次日	第四日	第十日	一月后	水干	注水
31J—270	0.5%	入水湿		潮湿，略微膨胀	通体盐结晶，内部湿		表面因盐结晶脱落	吸水后稳定，表面土脱落多
	1%	潮	潮	上部出现盐结晶	通体湿，上部边缘有块状盐结晶	上部50mm结晶多	表面1~2mm脱落	吸水，表层脱落，保持形状
	3%	潮	潮	同上，盐较多	上部30mm有针状盐结晶	上部盐结块	表面1~2mm脱落	
	5%	潮	潮	下部40mm湿，	上部局部有盐结晶	开裂	表面1~2mm脱落	
	7%	潮	潮	同上	同上	均匀分布毛状结晶	表面1~2mm脱落	

续表

样品		入水	次日	第四日	第十日	一月后	水干	注水
21J—270	0.5%	入水湿		潮湿，略微膨胀	通体盐结晶，内部湿		表面因盐结晶脱落	吸水后稳定，表面土脱落多
	1%	干，不吸水	干，不吸水	干，不吸水	30mm以下有针状盐结晶，将土粉化	30mm以下盐呈针状结晶	30mm左右针状盐结晶	余上部75mm，干，取出
	3%							余上部75mm，干，取出
	5%							余上部55mm，干，取出
54J—270	0.5%	入水湿		潮湿，略微膨胀	通体盐结晶，内部湿		表面因盐结晶脱落	吸水后稳定，表面土脱落多
	1%	干，不吸水	干，不吸水	干，不吸水	下部40mm潮，中部有针状盐结晶	中部40~50mm处有盐结晶	倒，上部好	上部50mm完好，不吸水，取出
	3%				下部20mm处潮，针状盐结晶	同上	同上	上部30mm完好，不吸水，取出
	5%				同上	同上	同上	上部50mm完好，不吸水，取出
	7%			下部潮湿，有开裂		上部60mm有盐结晶	余核心	粉

c.

样品		入水	次日	第四日	第十日	一月后	水干	注水
31J—310	0.5%	吸水快，潮湿	潮湿	膨胀如鼓状	上部有点状盐结晶	通体盐结晶，内部湿	表面因盐结晶脱落	吸水后稳定，表面土脱落多
	1%	湿			通体湿，上部有块状盐结晶	同左	保留形状，仅表面1~2mm脱落	
	3%	湿			较干，盐结晶少	同左	同上	
21J—310	0.5%	下部10mm潮湿	吸水，全湿	膨胀如鼓状	上部30mm盐结晶	通体盐结晶，内部湿	表面因盐结晶脱落	吸水后稳定表面土脱落多
	1%	不吸水		潮湿上升	仅下部有盐结晶，使土粉化	下部30mm有针状盐结晶，将土粉化	从中间断开，上部75mm完整	不吸水，取出
	3%							不吸水，取出
54J—310	0.5%	下部10mm潮湿	吸水，全湿	膨胀如鼓状	上部出现斑状盐结晶	通体盐结晶，内部湿	吸水后稳定，表面土脱落多	吸水后稳定，表面土脱落多
	1%	不吸水		潮湿上升	50mm以下潮湿，干湿交替处有盐结晶	30mm以下湿，30~50mm之间盐结晶粉土，上部干	下部粉化，留上部50mm完整	不吸水，取出

由表可见各种加固剂加固的土样在盐析破坏试验中的表现

如下：

TEOS 处理的土柱在遇盐水后吸湿快，而且在一日后出现鳞块状开裂，并逐渐扩大，缝宽在 2mm 左右，至试验完成样品成为碎块，说明这种材料加固的土样，刚性很强。

B—72 处理的土样吸湿，1% 遇盐水倒塌、变形，其他三个（3%，5%，7%）在试验完成后，大部分的土已被盐结晶破坏而呈粉状脱落，最后残存核心部位，说明其耐盐破坏能力不好。

AC—PU 遇盐水后吸湿，3%、7% 的在试验完成后被盐结晶破坏，只有 12% 的样品耐盐破坏能力较好，但表面层的土因结晶脱落。

S—PU 的情况为：低浓度（6.25%）遇水后吸盐，逐步被盐结晶破坏，表现为开裂，内部潮湿，外层干燥。其他的遇盐水后，上部不吸水，下部与水接触处潮湿，盐分的结晶破坏只在土与水的接界处，表现为使土粉化。

31J、21J、54J 三种加固剂在 0.5% 的浓度时，土样吸湿，柱体膨胀但稳定，盐分仅在表面结晶成为壳状，这层壳可以揭掉，但内部土柱无变化。水分挥发后，盐分在土样表面结晶，使表层土粉化。加水后土柱吸水，但不倒塌，仍能保持形状。

三种加固剂在 1% 以上时，31J 的土柱吸湿，盐分在表面结晶，至水分挥发，盐分结晶把表面土粉化，但土柱的形状还能保留。21J、54J 两种 1% 以上浓度时，所有试样均是上部干燥，下部与水接触的部位潮湿，盐分在接界处结晶把土粉化。

据此说明 31J、21J、54J 三种加固剂处理的土样在遇盐水后有两种情况：

a. 吸收盐水：三种加固剂在 0.5%，以及 31J 在各种浓度，均能吸水，盐分在表面结晶，潮湿时对土体无破坏，干燥后盐分结晶破坏表层土，但土样有耐盐能力，大部分土柱可以保留。

b. 不吸盐水：21J、54J 两种在 1% 以上时，水分只在接界处产生破坏，而对上部无破坏能力。

结论：31J、21J、54J 三种加固剂以及 S—PU、AC—PU 高浓度处理的土柱耐受盐结晶破坏的能力较强。

（2）局部盐析试验

为了模拟土遗址表面盐类析出的情况，做了局部盐析试验。

试验样品：31J、21J、54J 三种加固剂3％浓度处理的土柱，空白土柱。

方法：将5％ 的 Na_2SO_4 溶液用喷雾器在土柱的一面喷洒，使局部潮湿，然后使自然干燥。循环喷洒干燥，经过 4 次循环后，可见空白土柱表面出现白色针状结晶，然后盐结晶和土粉开始脱落，而经过处理的土柱没有变化。

处理前后土柱在耐盐析能力方面出现差异的原因在于空白土柱在喷洒过程中可吸收盐水，水分挥发导致盐分向表面的迁移和结晶，同时因结晶产生的压力导致土体粉化。

处理后的土柱因具有一定的耐水能力，在喷洒过程中不吸水，所以难以产生盐结晶的破坏。

有关情况可见图版5。

10. 安定性试验

试验方法参照公路工程石料试验规程中的坚固性试验（T0212—94）方法[1]。在试验中硫酸钠浓度改为5％，并只记录样品形状变化情况。

试验方法：土样先在5％的硫酸钠溶液中浸泡8 小时，然后取出，除去多余溶液，置于100℃的烘箱中烘干4 小时，完成一个循环。然后重复浸泡、烘干，进入下一个循环，记录土样在每一个循环中的变化。实验对象为耐水实验中能够存留的土样。

结果见表3—16。

---

①　中华人民共和国行业标准 JTJ054—94：公路工程石料试验规程，中华人民共和国交通部发布。北京：人民交通出版社，1995（第一版）。第23～24 页。

表3—16 安定性试验结果

样品		第一次浸泡完毕	第二次浸泡完毕	第三次浸泡完毕	烘干后
31J—310		3%	出现裂纹	出现大裂纹	下部烂
31J—270	3%	出现裂纹	烂为两块	入水倒，成块状	
	5%	无变化	下部开裂	入水倒，成碎块	
	7%	无变化	下部断开	裂成大块	
21J—270	1%	无变化	上部有小裂纹	小裂纹	余中部70mm
	3%	无变化	无变化	不变	完好
	5%	无变化	无变化	不变	完好
54J—270	1%	局部开裂	局部开裂	局部开裂	上部50mm完好
	3%	无变化	无变化	无变化	上部70mm完好
	5%	无变化	无变化	无变化	上部70mm完好
	7%	无变化	出现小裂纹	小裂纹	好
AC—PU	3%	开裂	烂为碎块		
	7%	开裂	烂为碎块		
	12%	开裂	烂为碎块		
S—PU 310	6.25%	下部烂	余中部	成为碎块	
	12.5%	好	开裂	裂纹扩大	
	25%	好	出现裂纹	裂纹贯穿全部	整体存留，但有裂纹
S—PU 270	6.25%	下部烂	余中部	成为碎块	
	12.5%	好	开裂	裂纹扩大	
	25%	好	出现裂纹	裂纹贯穿全部	整体存留，但有裂纹
TEOS	310	入水30分钟后下部开裂	下部粉，开裂	粉	余上部30mm
	270	下部烂，掉土	下部粉，开裂	粉	

注：循环为5%溶液浸泡20小时，100℃烘干4小时（重复）。

由表可见：

TEOS 处理的土柱进入盐水就产生开裂，经过三次循环，仅余上部 30mm 的部分呈块状，其余全部成为小碎块。

31J 的样品在试验中产生裂纹，最后成为大块。

21J 的样品在试验中仅有一些小裂纹，三次循环后，基本完好。

54J 的样品在试验中仅有一些小裂纹，三次循环后，除下部有一些损失外基本完好；

AC—PU 的样品入水开裂，两次循环就已成为粉状。

S—PU 的样品入水后脱落开裂，三次循环后高浓度的出现开裂，低浓度的碎裂。

结论是 21J、54J 两种材料的安定性试验效果较好。31J 的样品最后成为块状，说明有一定的耐受能力，AC—PU、S—PU、TEOS 次之。

11. 耐热老化试验

将耐水试验中有耐水能力的 31J、21J、54J 处理的样品放在 100℃的烘箱中烘烤，累计时间 100 小时，具体实施时为每日 10 小时，连续 10 日。然后做耐水试验，检查土样的耐水性能是否改变。

试验证明样品经过 100 小时的热老化后，样品耐水性没有改变，样品经过 60 天的浸泡，形态完好，耐水性没有改变。

第七节　试验结果的总结与讨论

一　加固剂检验的总结

1. 加固剂的性质

BU 系列加固剂是一种具有自交联官能团的高分子量丙烯酸树脂微粒在有机溶剂中的分散体，这种分散体的半径在 50nm ~ 400nm 之间。由于每种加固剂的粒径分布比较集中，所以体系的黏度随浓度增加升高较快。这种分散体与水有一定的互溶性，在室温下存放比较稳定。

2. 加固剂膜的性质

BU 系列三种加固剂所成膜的玻璃化转变温度（T_g）在16℃~5℃之间，膜的耐热老化、耐光老化能力较好，耐霉菌能力强。

3. 加固剂的渗透能力

BU 系列加固剂与其他加固剂相比，在低浓度下渗透能力相当，而在高浓度下渗透能力不及其他加固剂。适当浓度下加固剂对土的渗透能力强，在土内分布均匀，无回迁现象。

4. 加固剂的加固效果

BU 系列加固剂处理的土样在重量增加很少的情况下，就有较好的加固效果。加固后颜色变化不大，孔隙率变化小，透气性降低小，土样的抗压强度有所提高。

经过处理的土样在耐水能力上表现优异，1% 以上浓度加固剂的土样可在水中长期浸泡，非常稳定。

经过处理的土样在耐冻融方面表现为21J、54J 两种材料耐冻能力强，31 J 次之。这类材料的耐冻能力均好于聚酯和聚氨酯材料，正硅酸乙酯材料处理的土样耐冻融能力较差。

经过处理的土样在耐盐方面表现为两种现象：

在吸收盐分的样品中，31 处理的土样优于聚酯、正硅酸乙酯、B—72 处理的土样。经过试验，31 处理的土样虽表面脱落，但稳定而不坍塌；正硅酸乙酯的样品开裂粉碎，B—72 处理的土样脱落严重，而聚酯的样品在低浓度下脱落严重，遇水坍塌，只有高浓度的样品在表面脱落的同时，不出现坍塌。聚氨酯材料的土样在低浓度下吸收盐分而破裂，高浓度下拒水。

不吸收盐分的样品耐盐方面差异不大：各种加固剂处理的样品在安定性方面21J、54J 两种材料优异，31J 次之，三种材料在安定性方面均好于聚酯、聚氨酯、正硅酸乙酯、B—72 等材料。

各种加固剂的加固效果总结如表3—17。

表3—17　各种加固剂的加固效果比较

性能指标	试验浓度下的表现				
	BU 加固剂	TOES	B—72	AC—PU	S—PU
深层固结能力	好	好	差	好	好
表面颜色变化	小	小	大	大	大
孔隙率变化	小	大	中—大	中	中—大
抗压强度	中	大	小	中	小
耐水	好	好	差	中	中
耐冻融	好	差	差	中	中
耐盐	好	差	差	中	好
安定性	好	差	差	差	中

　　对加固剂进行加固效果的比较是困难的，因为许多项目没有明确的指标，也很难量化，因此试验中只能对多种指标进行综合评价，从中挑选性能最佳的材料。

　　二　影响加固剂渗透速度的因素

　　加固剂要实现对土体的加固，首先要能够进入土体。综合前述的实验和讨论可以看出，影响渗透速度的因素有：

　　1. 土的孔隙率

　　土中矿物颗粒的大小、形状与粒度成分决定着土的孔隙。孔隙率对渗透速度的影响比较明显，在试验中采用 310 土柱与 270 土柱作为样品，通过渗透速度比较可见，各种加固剂对 270（$n = 48.7\%$）土柱的渗透速度均大于对 310 土柱（$n = 41.1\%$）的渗透速度。在秦俑坑试验中也发现，对疏松的前五方北壁（$n = 50.5\%$）渗透速度也大于后五方探方壁（$n = 38.4\%$）的渗透速度。证明渗透速度随土的孔隙率增加而上升。

　　2. 加固剂的黏度

加固剂的黏度：黏度越大，渗透速度越小。

在加固试验中，使用的加固剂有溶液型和胶体（乳液）型等。

溶液与胶体这两种不同体系，在黏度和浓度关系方面表现的差异较大。如高聚物树脂溶液，即使在低浓度下黏度也很高，相反，乳液即使在浓度较高的情况下，其流动性也很好。

影响高分子溶液黏度的基本因素有：高分子的化学性质、分子量、分子量分布、溶剂的化学性质等；而乳液的黏度与所含高聚物的分子量几乎无关，影响黏度的因素是颗粒的形状、粒径、粒度的分布等因素。

BU系列加固剂的浓度—黏度曲线表现比较特别，它们的黏度—浓度曲线比B—72树脂溶液的斜率还大，即在很低的浓度（>7%）下就有很高的黏度，这种现象的原因是因为高分子微粒的粒径单一，分布非常狭窄。这种现象在土遗址加固中却起到了好的作用，低黏度下（0.5%～3%）渗透速度高，有利于渗透加固；溶剂挥发时浓度提高，黏度迅速提高，阻止加固剂向表面的迁移。

影响渗透速度的因素除了土的孔隙率和加固剂黏度外，还可能与土的孔径分布、土的成分、土的粒度成分等有关；加固剂的其他性质如分子的极性、分子的尺寸以及溶剂等对渗透速度也有影响。

三　关于加固剂的讨论

1. 几种BU加固剂的特点

本研究制备的几种加固剂均有较好的防风化加固效果，它们在具有这些共同点的同时，也有一些差别。了解这些差别有利于有效地使用它们，提高加固效果。

在制备加固剂的起始阶段，为了使加固剂有宽的使用范围，选择了三种不同玻璃化转变温度（T_g）的乳液做原料，这样所制备的三种加固剂具备不同的T_g，在柔软度等性能上存在差别，可用于不同的场合。在需要提高土体强度的时候可采用31J，在不需要太高强度时可用21J、54J两种材料。

在经常有盐分析出或有析出可能的土遗址上宜采用31J，这种材料不阻挡盐分和水的迁出，在有盐分析出的时候可采用适当的方法将盐分脱除。

在比较干燥的土遗址上，31J、21J、54J三种加固剂均可使用。

土遗址经常有冻融现象时可采用21J、54J，它们具有好的耐冻融能力。

2. 风化层的厚度与需加固深度

土遗址等土构建筑物的风化现象表现为表面层的疏松与脱落，凡风化的土层均有疏松的特征，风化层的厚度经常在几个厘米。

为了阻止风化的发生与发展，需要对风化的部位进行化学加固，加固剂渗透到什么位置可以有效地防止风化是一个值得讨论的问题。一般情况下，人们认为加固剂至少应能渗透风化层并且达到未风化层，在对风化层进行加固，赋予其耐湿度循环变化、水、冰冻、盐结晶等能力的同时，使风化层与未风化层连接起来。所以加固剂的渗透深度原则上应该大于风化层。

一般情况下，风化层的厚度在几毫米至几厘米之内，所以加固剂的渗透深度穿透风化层到达未风化层即可。根据这种要求，加固剂的渗透深度应在几厘米范围内，这是BU系列材料在技术上能够实现的。

加固的深度关系到加固效果和加固工程的成本，同时也关系到加固剂的选择和加固剂的设计。在总体考虑的情况下，限制加固剂渗透深度的因素是经济原因而非技术原因。因为在试验中BU系列加固剂能够在短时间内渗透10厘米以上的深度。

通常情况下，遗址发掘时间越长风化越严重、风化层越厚，所以防风化保护工作应该及早进行。

3. 关于强度提高与材料韧性

在试验中发现经BU材料处理加固的土体强度提高幅度不

大，远小于正硅酸乙酯提高的幅度。但试验中发现在耐冻融等试验中，有机硅处理的样品反而不如BU材料，原因可能是正硅酸乙酯最后成为二氧化硅，造成强度提高很大，并减小土的韧性的结果。相反BU材料本身有很好的柔韧性，在进入土体后通过吸附将土体中的颗粒进一步连接起来，但不过度增加其强度，这样更符合文物保护的要求。

4. BU系列加固剂的耐老化能力

人们的传统观念认为有机加固剂不耐老化而无机加固剂耐老化，这个观点有不全面之处。加固剂的加固效果并不一定与其本身耐老化能力相当。如在一些研究[①]中，就证明水玻璃的加固是不好的，但水玻璃本身作为一种无机材料，其耐久性好。BU系列加固材料属于有机物，看来是不耐老化的材料，但这个结论是在暴露于日晒雨淋情况下得出的，不耐老化是指材料没有了成膜能力，但材料老化后的产物是否还有加固作用未曾进行讨论。

土遗址防风化加固材料的作用不同于做表面涂层的涂料和做两面粘接的胶粘剂，它的作用是将土的团粒通过吸附作用连接起来，增加其整体稳定性。从土壤胶体方面的文献[②]可见，土壤的团聚作用是在有机与无机胶体的共同作用下产生的。有些有机物具有持久胶结能力，这些胶结物不易被土壤中的霉菌类破坏。BU系列加固剂正是这种材料。另外BU加固剂是在渗入土体后起加固剂作用的，这样光线对其没有破坏作用，这种材料又具有很好的耐水、耐盐能力，同时具有耐霉菌能力，所以在土中应该具有很好的耐老化性。即使聚合物分解出现主链断裂、分子量减小的现象，高分子的极性键仍与土体结合，残留的低分子物质仍

---

①　熊厚金主编：国际岩土锚固与灌浆新进展。北京：中国建筑工业出版社，1996（第一版），第90～96页。

②　熊毅，陈家坊等：土壤胶体（第三册）。北京：科学出版社，1990（第一版），第487～513页。

有固结土体的作用。

5. BU 系列加固材料的缺陷

任何加固剂都有其不足之处。根据试验发现该系列材料的缺点有：

（1）在孔隙率较低的情况下难以渗透，例如对夯土的渗透能力差，原因是夯土的孔隙率较低，作为人工扰动的土，没有天然的孔隙。

（2）加固剂的溶剂有一定的不适气味，观众众多的展览场合使用时受到一定影响。

6. 材料的改进方向

根据研究和试验，BU 系列加固材料在土遗址保护中是一种有应用前途的防风化加固材料。

作为一种材料，目前品种尚嫌单一，虽在中等密度土遗址保护上证明效果良好，也可在潮湿土遗址上使用，但土遗址的种类多、情况复杂，所以有必要开发适用于其他土遗址的材料与配方。例如适用于密实夯土保护，适用于南方潮湿土遗址保护的材料等。在性能上可以在提高强度、提高耐水性、提高耐光老化能力、提高防霉菌能力等方面进行改进，还可以与其他性能优良的材料进行复配。

研究的另外一大方面，就是将这种材料推广应用于其他材料文物的保护。在试验中曾将这类材料试用于其他文物如陶、石等，发现也有一定的加固能力，渗透深，色泽基本不变，说明在其他材料上也有一定的应用前景，有待进一步研究。

第八节　材料应用工艺的规范化研究

一　材料的储存、运输与现场制备

1. 储运

在乳液被转化为分散体的工艺过程中，丙烯酸树脂颗粒最终形成凝胶状，如果材料能够以这种形态存在而比较稳定，那么在现场应用将比较容易，因为这种形态的物质不含有溶剂，不会有燃烧的危险，只要包装得当，就不会在携带时受到限制。这样在实验室制备出凝聚体后运输到使用现场就比较方便。

曾采用这种方法进行了携带试验，试验在 1999 年夏季进行。方法是将 BC—4431、BC—2021、BA—154 等三种丙烯酸树脂乳液用 NT 材料采用搅拌的方法聚沉，然后将凝聚体脱水，用塑料袋包装。经过长途运输，两天后打开，然后用丁酮溶剂辅以搅拌的方式使之分散。经过试验发现 BC—4431、BC—2021、BA—154 三种材料，只有 BC—4431 的凝聚体能够分散，而 BC—2021，BA—154 两种的凝聚体分散不易，经过几个小时的搅拌，仍然有大量的凝聚体呈胶凝状。

通过这次试验，发现直接采用凝聚体进行储存或运输都是不方便的。凝聚体不能很好分散的原因可能是玻璃化转变温度较低，具有交联能力的聚合物颗粒在凝聚体状态下互相直接接触，产生了化学交联。

根据试验，凝聚体只有用有机分散剂分散后才能稳定，但产生了运输的困难，因为分散后分散剂具有易燃性，携带受到了很大限制，不克服这个困难，现场实验难以进行。

2. 现场制备

为了克服这个困难，经过努力设计了简便易行的现场制备分散体的方法。现场制备加固剂分散体的方法如下：

（1）设备：设备的关键的是搅拌器，通常情况下搅拌器体量较大不易携带。为了在现场能够实施快速搅拌，可以采用只携带搅拌器关键部分的方法，也可采用携带高速手枪钻替代搅拌器的方法。其他用品包括玻璃烧杯、量筒等均可以采用普通的塑料制品，为了标定刻度，需要一个刻度准确的玻璃容器或塑料容器，如 100mL 的量筒或量杯即可。确定固体含量的天平，可以用小台秤代替，为了称量准确，在称量时至少要称取 20g～50g

的高浓度分散体。

（2）化学材料：制备分散体使用的乳液和表面活性剂没有危险性（如易燃、易爆、有毒等）可以携带。携带的量及二者的比例应该根据实地工作的需要。用于溶解和分散的有机溶剂不便携带，可以从试验地点附近的城市购买。

（3）制备：方法与实验室的相同。需要注意的是乳液的聚沉物不易分散在有机溶剂中，因此聚沉与分散工作应该作为实地工作的第一步，这样可以节约时间。

二　材料的稀释

乳胶颗粒凝聚体分散后形成的原液由于浓度太高，需要稀释后才能使用，稀释时使用的有机溶剂与试验室制备分散体时的溶剂相同。

三　材料的喷洒工具

加固剂分散体原液按照一定比例（需要对不同遗址进行试验后确定）稀释后就可以应用。

喷洒加固剂的工具可以根据实地情况选择。在通常情况下可以使用干净的 600～2000mL 聚酯瓶。使用前将聚酯瓶洗净晾干，将瓶盖从内部用针穿孔，孔径根据喷洒速度调整。这种方法简便易行，不受条件的限制，因此是比较切实可用的方法。

另外在大面积使用时，可以利用喷漆设备，包括空压机、喷漆罐及相应的连接管路。由于喷漆罐的雾化能力很好，在施用加固剂时会生成过多的雾气，损失材料同时对操作人员造成伤害，因此对喷漆罐需要进行改造，使雾化程度降低。

四　材料的施用方法

加固剂的使用方法，就是采用装满合适浓度加固剂的喷洒工具在欲加固的遗址表面进行喷洒。在喷洒以前需要进行准备工作，然后再进行施工：

1. 对需要加固的遗址照相记录。

2. 在遗址上划定需要加固的范围。

3. 对需要加固的表面进行灰尘及无关附着物的清除，灰尘的清除可以采用软毛的扫把，也可使用吸尘器，以不伤害遗址表面为原则。表面附着物如有经历潮湿残留的地衣、草类等，也需要清除。灰尘及附着物必须预先清除干净，否则施工后就粘结在遗址上不可清除，造成遗址的外观改变。

4. 喷施加固剂，喷施时每个工作者的施工面不要太大，一般控制在两臂左右运动所能达到的宽度以内即可，垂直高度不要高于人的身高。另外还要根据遗址土体的渗透能力改变，如果土体的渗透能力好，吸收速度快，需要减小施工面积。加固剂喷施要求一次完成，如果土体能够吸收，就不断地喷洒，直到达到需要的深度（可根据施工时间估算，也可通过初步试验确定）或用量。另外喷洒的速度不能太快，不允许加固剂以液态残留在土体表面或向下流动。

应该注意，在对遗址土体进行保护时，必须首先进行初步试验，以确定合适的加固剂浓度、渗透深度和用量。

初步试验的方法：在遗址或与遗址土体结构成分相似的附近土体上选择几处实验块，面积根据情况而定，一般为边长 30cm~50cm 的正方形。采用不同浓度（最好为一系列，如 1%、2%、3%、4% 等）的加固剂对实验块进行渗透加固，达到土体不再吸收加固剂为止。3~7 天后进行检验，内容包括渗透深度、固结能力、外观变化等，根据这些结果确认哪个浓度、多少用量；以便最适合于该遗址的加固保护。这种选择可以进行 1 次以上，以找到最佳的加固条件。

五　环境因素对加固的影响

根据室内试验和现场试验，发现影响使用效果的环境因素有温度、湿度及风速等。

1. 温度：温度的影响有两个方面，一是对加固剂成膜效果的影响。通常情况下乳液在低于 0℃ 就无法应用，因为这时水已经结冰，另外温度还要高于乳液的最低成膜温度。非水分散体不用考虑溶剂的冰点，因为丁酮的冰点在－86.69℃，远远低于国内多数地区的最低温度，这是非水分散乳液的优点。非水分散体的成膜性能在前边已经检验，即使在－24℃的条件下也能成膜，但是时间较长，因此施工尽量不要在低温下进行，这样可以在短时间内得到固化，实现加固的效果。

温度还影响溶剂挥发的快慢，高温下溶剂挥发快，低温下溶剂挥发慢。

BU 类加固剂在应用时要求溶剂的挥发尽量慢，因为溶剂挥发太快有以下缺陷：造成加固剂在未达到土体表面时浓度提高，浓度的提高导致渗透的困难；造成材料达到表面后未进入土体就挥发溶剂，在表面浓度提高，两种因素作用使加固剂中的固体成分在表面聚结而难以渗入土体，或渗入很少。造成表面的温度降低，温度降低使加固剂黏度提高，渗透困难。温度降低太快，还会造成水分在土体表面的冷凝。温度降低、浓度提高和水分的冷凝共同起作用，可以使加固剂由透明的液体变为乳白色，在表面积聚，这种现象在多处现场试验都有发现。

为了使溶剂挥发较慢，一个方法就是不要在温度太高的条件下施工，另外可以采用塑料膜封盖的方法。

2. 湿度：湿度对溶剂挥发速度的影响：高湿下加固剂成膜的试验证明加固剂在高湿下也能成膜，因此湿度对成膜没有影响。

但是含水率过高，土颗粒表面就会吸附水分，加固剂对土体的渗透会受到影响，而且加固剂与土体的亲合受到影响。

3. 风速：风对施工的影响表现在对溶剂挥发的影响。在有风的条件下施工，空气流动，溶剂不但可以通过扩散挥发，还可以通过对流挥发，因此挥发速度就会增加。溶剂挥发快，会导致加固剂浓度的提高，表面温度的降低等，因此最好在无风的条件下施工。

六　加固剂喷洒完成后的措施

加固剂应用完成后，溶剂的快速挥发有可能会造成土体表面颜色的加深。另外有机溶剂有刺激性气味，对人体不利。

为了减缓溶剂的挥发，缓解高剂量溶剂对人体的影响，需要对被加固的土体部分进行封盖。封盖的方法是用厚度合适的塑料薄膜将被加固的土体部分遮盖起来，周围用土压实，以免透气，也可用钉子等进行边缘固定，以尽量不透气为准。

七　材料的最终固结时间的确定

根据多次实地试验的经验，被加固的土体在一周的时间内就可以揭开塑料膜检验效果。现场试验中大多在3天后打开进行检查，就能看出效果。

八　材料应用后的效果检验

土体加固后的效果检验，有外观检验、机械力学性能检验以及微观效果检验等。

1. 颜色

通过目测对比，检查处理与未处理土样的颜色差别。也可以用测色色差计检验。

2. 透气性

通过喷洒酒精等有机溶剂，观察渗入速度，就可以检查透气性，但是只是定性的指标。定量的指标可以通过卡斯特瓶法检验，方法是用可以粘接在土壁上的、具有刻度的透明弯折玻璃管测定单位时间内渗入土体内的液体量。一般情况下是选择水做渗透用液体，但是对拒水材料处理的土壁，用有机溶剂似乎更能说明问题。

3. 表面硬度

没有合适的方法检验，通常用于检验水泥或灰浆硬度的回弹仪测量土体硬度是不行的，因为土体硬度低，结果在误差范围之内，而所谓的土壤硬度计，触探用的探头面积大，估计使用有困难。也许对这些工具进行改进会解决表面硬度的检验问题。

4. 抗压强度

需要用环刀在表面取样，到室内进行检验。这是破坏性试验，另外取样时要非常小心。

5. 渗透深度

需要破坏性取样，将被处理土体垂直表面下钻，取得表面以下 10cm 以内的土样，最好是完整的，在水中浸泡，既可检验加固剂的渗透深度，也可对土样的侧面进行染色试验检验渗透深度。如何取得完整的土样也是需要研究的内容。

九　关于加固保护的环境保护问题

环境保护问题在目前越来越受到重视，因此在使用有机溶剂的涂料行业发生的变化是使用水性的材料如水溶性树脂和溶液。采用非水分散材料似乎是和这种趋势背道而驰。但是由于土遗址本身的特点，使用非水分散材料进行加固也是不得已的事情，因为采用乳液类材料加固将导致遗址和遗迹的破坏。那么采用非水分散材料加固土遗址如何解决污染问题呢，尤其是有些时候遗址和遗迹在博物馆内，而操作者的本身保护也是重要的。

为了避免加固保护对环境，游客和操作者的影响，需要考虑溶剂的回收和处理问题。

对于考古现场小面积遗迹的处理，由于使用材料少，溶剂回收困难，可选择在晚上进行，加固完成后使用塑料膜覆盖，使溶剂缓慢挥发，降低浓度。

加固使用的溶剂一般为丁酮、环己酮和乙醇。这些溶剂在工业上都有成功的回收方法，如吸附法和冷却法①。冷却法是将带溶剂的气体抽吸通过到温度很低的设备，在里面冷却变为液体，而吸附法是采用活性炭或者是分子筛将溶剂吸收，然后采用热水洗脱。这两种方法均简单易操作，因此可用来回收使用的溶剂，

----

　　① 闫勇：有机废气中 VOC 的回收方法。化工环保，1997 年第 17 卷第 6 期，第 332～336 页。

减少溶剂对环境的污染。

对于大面积考古遗址的加固保护，由于加固后为了促进渗透、减缓色泽变化，需要覆盖塑料膜，这样给回收处理溶剂提供了可能。操作的时候可将加固的遗址使用整体的塑料膜覆盖，然后开口缓慢抽取挥发气体进行冷却处理，也可放入活性炭或者是分子筛进行吸附，然后取出回收液体。

溶剂回收方面的研究由于现场条件有限未具体实施，但从理论上操作是可行的。

第四章　BU防风化材料后续产品的开发研究

　　土遗址的风化虽然有一定的规律，但由于不同遗址本身的特点及所处的环境不同，其风化状态不尽相同。常用的防风化化学材料虽然可以解决一些问题，但不是所有问题都能解决。要解决不同类型土遗址的风化问题，不但要采用现有材料对不同类型的病害进行试用，以检验其适用性，还需要根据出现的问题对现有材料进行改进，并开发新的、性能更好的材料。

　　虽然前期研制的BU防风化保护材料对土遗址表面防风化具有一定的效用，但是它还有自身的缺点与不足，不能满足所有土遗址保护的要求。BU系列材料作为土遗址防风化材料，除了需要解决室内通常的干燥土体外，还要考虑干燥但非常密实的夯土遗址的保护，另外室外的土遗址、潮湿地区的土遗址也是文物保护的难点与重点。为了满足室外土遗址保护的要求，需要探索耐候性更好的材料。而对潮湿土遗址，则需要材料与水的亲合性方面有所改进，使遇到水仍能稳定存在而不分相，同时具有在含水条件下的固结能力。如果能够在这些保护中取得成果，其意义是重大的。

　　BU材料的不足与缺点：

　　（1）所成的膜比较柔软，检验也证明该类材料的玻璃化转变温度较低。

　　（2）加固剂所成的膜遇水后有发白变软的现象，不能更好满足被固结土体在耐水方面的要求。

（3）对于密实的土体，加固剂的渗透能力需要提高。

（4）加固剂目前采用单一的分散剂，成本略高，可以考虑采用混合分散剂体系，既提高使用性能，又降低成本。

（5）膜的耐老化能力虽然在有机材料中是比较好的，但是应该有所提高。

为了改善材料的以上不足以满足多种条件土遗址保护的要求，对 BU 材料进行了深入研究，并开发了新的系列材料。

为了命名的方便和材料研究发展的需要，我们将以丙烯酸树脂乳液为基础制备的分散体加固剂称为一代产品，即 BU 系列。在此基础上又开发了性能更好的、以有机硅改性树脂乳液为基础制备的分散体加固剂，称为 BW 系列，即二代产品。在一、二代产品中，采用阳离子表面活性剂 NT—11 聚沉并再分散的加固剂称为 A 型产品，根据研究又找到了性能更好的 NT—8 阳离子表面活性剂，而采用它聚沉的树脂乳液分散体，称为 B 型产品。具体的研究进展情况分别叙述如下。

第一节　提高加固强度的方法

一　尽量提高浓度

BU 系列防风化保护材料的一个缺点是不能用很高浓度的材料去加固土体，因为高浓度的加固剂具有高的黏度，不能实现对土体即使是疏松土体的很好渗透，因此只能采用较低的浓度进行加固。一般情况下采用 2% 左右的浓度加固，即可达到好的固结效果，如在水中不崩解。但是有些情况下需要被加固的土体具有更高的强度。虽然特别高的强度是文物保护原则所反对的，但有些情况下提高强度也是客观情况的需要。

为了尽量提高强度就需要进行浓度梯度试验。具体做法是选定一个较宽范围的浓度，并选择系列浓度点，对要加固的土取样进行试验，找到渗透速度尚可、颜色变化能够接受的最高浓度。为了确定最合适浓度，可再次在此浓度点附近进行窄浓度梯度筛选，最后可得到最合适的加固用浓度，达到最好的加固强度。

提高浓度总是以损失渗透深度为代价的，但是一次处理达到最高强度，可以降低保护处理费用。

二　多次处理

提高强度的另一个方法，就是采用低浓度的材料多次处理。

（1）采用 0.8% 的 31J 加固剂对湿重为 290 克干燥后的土样进行加固，并与正硅酸乙酯—乙醇体系进行对比，结果见表 4—1。

由表 4—1 结果可以说明，采用 31J 低浓度多次处理可以达到高的加固强度，而与正硅酸乙酯处理的效果对比，发现采用低浓度的 BU 材料处理的土样强度已和正硅酸乙酯∶乙醇 = 1∶1 的处理效果相近，证明该类材料具有很好的加固强度。

表 4—1　采用多次处理方法提高强度的结果（1）

	编号	一次加固	二次加固	三次加固	TEOS
最大位移 （0.01mm）	1	285	310	534	205
	2	355	293	474	193
	3	225	308	380	266
	4	310	378	465	215
	平均	224	253	463	219
破坏载荷/N		64.96	73.37	137.24	63.51
抗压强度/N/cm^2		3.31	3.74	6.85	3.24

表4—2　采用多次处理方法提高强度的结果（2）

	31J 处理					TEOS	空白
	一次	二次	三次	四次	五次		
最大位移 （0.01mm）	272	303	408	507	453	274	
	197	291	428	531	532		
	平均						
	235	297	418	519	493		
破坏载荷 N	703	888	1250	1552	1474	819	670
抗压强度 MPa	0.358	0.453	0.638	0.792	0.752	0.418	0.342

（2）采用0.6%的31J加固剂对标准的土样进行了5次加固处理，然后测定每次处理后土样抗压强度的提高，并与正硅酸乙酯处理的土样进行比较。固化条件是将处理后的土样用塑料薄膜封装，在室温和湿度40%～60%的条件下存放个一个月。然后测量抗压强度，结果如表4—2。

由表4—2可见，多次处理后的抗压强度增加了，第五次的结果与四次接近，可能是四次处理强度已达顶峰。

多次处理的试验证明BU系列防风化保护材料是可以通过对土体进行多次处理来提高强度的。但是多次处理的明显缺点是成本的提高，因此这种方法应该在前次处理失去效果后进行，而不宜用于为了一次达到很高强度的目的。

三　提取表面活性剂的方法

在前文①已经谈到阳离子表面活性剂在非水分散体最终所形

---

① 周双林，土遗址防风化加固保护材料研究及在秦俑土遗址的试用。北京大学博士学位论文。

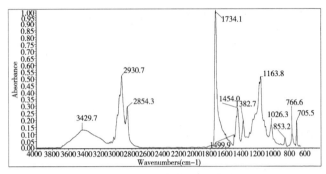

1. 31J 加固剂所成膜的红外光谱

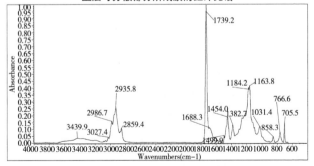

2. 31J 加固剂制备过程中对聚沉进行清洗后分散，
上层可分散部分所成膜的红外光谱

3. 31J 加固剂制备过程中对聚沉进行清洗后分散，
下层不可分散部分所成膜的红外光谱

图 4—1　加固剂提取 NT 前后的红外光谱

成的膜中会导致膜的玻璃化转变温度降低，而 T_g 的降低表征膜柔软，导致被加固土体的硬度提高较小。

根据这个推断，提高加固强度的一个方法，就是采用一种方法完全或部分提取非水分散体中的阳离子表面活性剂，这样最终形成的膜的 T_g 就会提高，被加固土体的强度就会提高。为此设计了表面活性剂提取实验，方法如下：

采用 BC4431 乳液在 NT—11 的作用下聚沉，将聚沉的乳胶颗粒凝聚体过滤除去水分，然后用环己烷清洗三次，清洗后再用丁酮分散。结果发现凝聚体在丁酮中不易分散，仅上部分散而下部一直是凝聚体。

将上部的分散体用丁酮稀释，在培养皿中成膜，发现所成的膜较原 31J 加固剂所成的膜坚硬。

通过这个试验说明提取的方法是有可能提高加固强度的，但是如何使凝聚体完全分散，就涉及提取阴、阳离子表面活性剂的反应物的程度，因此还需要进行深入研究。

通过这个试验发现聚沉后的阴、阳离子表面活性剂的反应物对凝胶颗粒分散有作用，如果将它们提取过量，就会导致凝聚体无法分散。

将 31J 所成的膜，提取后上部可分散部分所成的膜和下部不能分散部分所成的膜进行了红外光谱检验（图4—1），发现后两种的 $3440cm^{-1}$ 处的 NT 特征峰减弱，尤其是不能分散部分，峰高最低，说明 NT 的含量最少。由此证明 NT 在聚沉物的再分散过程中有一定作用。

四　使用交联剂

某些乳液可以通过使用交联剂的方法使其强度提高，如采用天津大学 3504 乳液转化而来的 BU—TD 加固剂。根据产品的说明，这种乳液材料含有的交联基团是羧基。为了促进这种乳液的交联，可以添加一些多价金属的盐类，如醋酸钙、醋酸锌、硫酸铝等①。

试验中在 2% 的该类非水分散体加固剂中添加 0.5%（加固剂固体重量比）的醋酸锌，然后搅拌，并对湿重 270 克的干土样进行加固。固化后与未添加醋酸锌的同样浓度的加固剂加固的样品比，二者的抗压强度测定结果如表 4—3。从表可见，添加了醋酸锌的加固剂，加固的土样强度大于未添加的，说明这种方法比较有效，因此在需要提高强度的情况下可添加多价金属盐类。

表 4—3　使用交联剂提高加固强度的结果

材料	编号	位移（0.01mm）		断裂载荷（kN）	抗压强度（MPa）
		单个	平均		
BU—TD	1	315	315	0.941	0.481
	2	310			
	3	320			
BU—TD/0.5% ZnAc$_2$	1	370	377	1.127	0.575
	2	370			
	3	390			

五　复配法

采用复配的方法是提高强度的一个比较切实可行的办法，曾采用将部分正硅酸乙酯添加到 BU 系列加固剂中用来加固土样，结果发现土样固化后的强度较原来高，尤其是将土样饱水后检验强度，效果更为明显。复配可能是解决强度提高的好办法，需要认真研究。

---

① （日）奥田 平·稻垣 宽，黄志启等译：合成树脂乳液。北京：化学工业出版社，1989（第一版），第 185～214 页。

第二节　一代 B 型材料的研制与应用

一　材料的研制

由于 NT—11 聚沉乳液形成的非水分散体具有玻璃化转变温度低、所成膜柔软、不耐水的缺点，在研究中对使用的阳离子表面活性剂进行了重新筛选。

1. 材料

被选择的阳离子表面活性剂有：NT—11、NT—12、NT—8。将这些材料分别溶解于环己烷中，浓度为 25%（V/V）。用于选择试验的乳液有 BC—4431、BC—2021、BA—154、天津大学生产的 3504 乳液等。

2. 试验

将各种乳液稀释后分别添加 NT—11、NT—12、NT—8 三种阳离子表面活性剂的溶液使聚沉，记录聚沉乳液使用三种阳离子表面活性剂溶液的量，结果如表 4—4。

表 4—4　不同乳液聚沉的数据

a. BC—4431

表面活性剂	稀释比例	聚沉用液量（mL）	成膜效果	评价
NT—11	1/4	30	无色均匀膜，弹性好	好
NT—8	1/4	不聚沉		不可用
NT—12	7.5g/100mL	160		不可用
乳液的用量为 50mL，用水稀释 10～15 倍				

b. C—2021

表面活性剂	稀释比例	聚沉用液量（mL）	成膜效果	评价
NT—11	1/4	63	无色均匀膜，软	可用
NT—8	1/4	15	均匀透明膜，硬	好
NT—12	7.5g/100mL	300		不可用
乳液的用量为50mL，用水稀释10~15倍				

c. A—154

表面活性剂	稀释比例	聚沉用液量（mL）	成膜效果	评价
NT—11	1/4	35	无色均匀膜，弹性	可用
NT—8	1/4	11	透明均匀膜，硬	好
NT—12	7.5g/100mL	160		不可用
乳液的用量为50mL，用水稀释10~15倍				

d. 天津大学的3504

表面活性剂	稀释比例	聚沉用液量（mL）	成膜效果	评价
NT—11	1/4	75	微黄色膜	可用
NT—8	1/4	18	透明或微白，硬	好
NT—12	7.5g/100mL	390	白色，弹性差	可用
乳液的用量为50mL，用水稀释10~15倍				

3. 结论

（1）通过采用三种阳离子表面活性剂对多种乳液的聚沉试验，发现NT—11作为聚沉用材料所形成的膜具有柔软、弹性好的特点，而 NT—8 聚沉乳液时用量少，并且凝聚体容易分离，所形成的膜透明且韧性好，强度高，是比较理想的聚沉用材料。NT—12 作为一种聚沉材料，在某些条件下也可以使用。

（2）从 NT—8 对 BC—4431 不能聚沉这种现象看，各种阳离子表面活性剂对乳液是有选择性的，这种选择性可能又与分散乳液的阴离子表面活性剂有关。因此对聚沉用材料的选择，涉及到表面活性剂化学性质，需要进一步研究。

（3）通过 B 型材料的研制，找到了制备能形成硬度高、耐水性好的加固膜的加固剂的方法，这种新型加固剂可以使处理后的土样强度得到提高。

二 材料的应用效果检验

1. 制样

取昌平的黄土，粉碎、过筛，喷水使潮湿，含水率为 13.2%。用制抗压试模将土样压成重 290g、高 100mm、直径 50mm 的土样，使干燥，然后用加固剂从上部滴注，使土样饱和，在室内条件下固化。

用一代（BU 系列）A 型材料和一代 B（代号中含有 d）型材料进行加固强度对比试验，试验用材料如下：

21J——采用 BC—2021 乳液用 NT—11 制备的非水分散体，1.5%。

21d——采用 BC—2021 乳液用 NT—8 制备的非水分散体，1.5%。

TD——采用天津大学 3504 乳液用 NT—11 制备的非水分散体，1.5%。

TDd——采用天津大学 3504 乳液用 NT—8 制备的非水分散体，1.5%。

2. 效果检验

加固完成 3 天后采用南京土壤仪器厂生产的 DW—1 应变式无侧限压缩仪对土样的抗压强度进行测试。结果如表 4—5。

表4—5　采用 B 型材料的抗压强度变化

加固剂	断裂最大位移（0.01 毫米）				破坏载荷（kN）	抗压强度（MPa）
	1	2	3	平均		
21J	253	219	253	242	0.726	0.370
21d	303	288	323	305	0.915	0.467
TD	246	209	273	243	0.729	0.371
TDd	346	331	312	330	0.987	0.503

由表可见采用 B 型材料加固的土样，抗压强度明显提高，21 的 B 型材料（0.467）比 A 型材料（0.370）在单轴抗压强度方面提高了 0.097 MPa，而 3504 的 B 型材料（0.503）比 A 型材料（0.371）提高了 0.132 MPa。

第三节　二代加固保护材料的研制

一　设想

在文物保护中，使用的材料包括无机材料和有机材料，从这两类材料中又可分出许多种材料。按照常规的概念，人们一般认为有机材料不耐老化，而无机材料比较耐老化。虽然通常情况下是这样，但是在特殊情况下也会有特例，因此材料的耐老化能力需要根据其使用条件和环境去判定。如无机材料不是没有老化问题，以水玻璃为例，日本工程界就认为碱性水玻璃的耐候性不好，从而开发了酸性水玻璃和硅溶胶做工程灌浆材料[1]，在国内也不把水玻璃做永久灌浆材料使用。另外的例子是中国传统的建

---

[1]　熊厚金主编：国际岩土锚固与灌浆新进展。北京：中国建筑工业出版社，1996（第一版），第 95 页。

筑粘接材料糯米浆和石灰水等的混合物，从很多古代建筑至今能很好保存看，这些材料都没有失效而具有很好的耐候性，也说明糯米浆这种有机材料，耐久能力也是很好的。因此材料的耐候性问题，需要根据实际情况判定。

在文物保护中使用的有机材料种类很多，这些材料的耐老化能力是人们非常关心的。目前已经不再使用的材料如醋酸纤维素、尼龙等材料，就是由于它们的耐老化能力不好的原因。即使是 20 世纪后期人们非常喜欢的聚醋酸乙烯酯树脂和乳液，目前也出现耐候性不好而受到疑问，使用范围受到限制的问题。在国际上，文物保护界比较看好的是丙烯酸树脂类材料，这类材料在工业及民用方面都有很好的表现，尤其是其良好的耐光老化能力。在文物保护中使用的这类材料的代表是 Paraloid B—72 以及 Paraloid B—67、Paraloid B—48N 等，而在国内使用的是三甲树脂。

虽然这些材料被认为是耐候性很好的材料，但是科研人员仍然在努力研制耐候性更好的材料，近一、二十年来人们在有机硅改性丙烯酸树脂的开发方面下了很大工夫。另外一个亮点是氟碳树脂的开发与应用，过去氟树脂多数因溶解能力差，基本不溶解于有机溶剂，所以使用时必须依靠加热进行加工或涂布，使其应用范围受到很大限制。由于最近人们成功开发了常温应用的氟树脂，这类材料的开发与应用成为人们关注的新热点。

由于条件限制，本研究将第二代产品的开发集中在利用有机硅改性的丙烯酸树脂，因为这些材料目前已经有很多以产品形式供应，可以方便地进行转化。

二 材料制备试验

1. 备选乳液材料

本研究选择多种有机硅改性丙烯酸树脂乳液作为备选原料，这些材料有：

BC—251M 硅丙乳液：北京东方化工厂精细化工分厂生产

GHS—98A 高光泽硅丙乳液：江苏江阴国联化工有限公司生产

ASE—310 硅丙乳液：江苏吴江合力树脂厂生产

KX—2002 硅丙建筑乳液：北京科信工贸有限公司生产

TD—1 丙烯酸硅乳液：江苏日出集团公司生产

2. 转化工艺研究

经过对这些有机硅改性丙烯酸树脂乳液进行转化试验，找到了以这类材料为原料制备非水分散体加固剂的工艺。

以有机硅改性丙烯酸树脂乳液为原料制备有机分散体的工艺方法与制备丙烯酸树脂非水分散体的工艺方法相似，仅增加了所用阳离子表面活性剂种类。工艺过程如下：

（1）用去离子水（条件不允许时也可使用自来水，效果也很好）将乳液稀释至固含量在 5% ~10% 的范围。

（2）将阳离子表面活性剂（NT—11、NT—8）溶于环己烷，体积比为 1:3 ~4。

（3）将 NT—11 或 NT—8 的环己烷溶液在高速搅拌下缓慢加入稀释过的乳液中至乳液产生分相为止，表现为在乳液中出现颗粒状的聚集体，与水分离，最后水变得清晰，这时停止搅拌，静置，待混合物分层，上层为环己烷，下层为水，中间层为有机硅改性丙烯酸树脂颗粒的凝聚体。滤去水，回收环己烷，就可以得到丙烯酸树脂颗粒的凝聚体。

（4）将这种凝聚体在高速搅拌下分散于丁酮或其他溶剂中，成为均匀的分散体。

（5）测量分散体的固体含量，储存备用。

3. 各个材料的制备工艺数据

采用各种有机硅改性丙烯酸树脂乳液进行了多次向非水分散体的转变，使用了多种阳离子表面活性剂，各个材料转化数据的统计见下表4—6。

表 4—6　不同乳液聚沉的工艺数据

a. BC—251M

表面活性剂	稀释比例	聚沉用液量/mL	成膜效果	评价
NT—11	1/4	140	柔软	可用
NT—8	1/4	21	无色透明坚韧膜	好
NT—12	7.5g/100mL			
乳液的用量为 100mL，用水稀释 10 倍				

b. GHS—98A 高光泽硅丙乳液

表面活性剂	稀释比例	聚沉用液量/mL	成膜效果	评价
NT—11	1/4	78	柔软	可用
NT—8	1/4	12 初凝，50 凝	无色透明稍软膜	好
NT—12	7.5g/100ml			
乳液的用量为 100mL，用水稀释 10 倍				

c. 江苏日出集团的 RC

表面活性剂	稀释比例	聚沉用液量/mL	成膜效果	评价
NT—11	1/4			
NT—8	1/4	16 ~ 21.5	无色或微黄色，透明膜，硬	好
NT—12	7.5g/100mL			
乳液的用量为 100mL，用水稀释 10 倍				

d. KX—2002硅丙乳液

表面活性剂	稀释比例	聚沉用液量/mL	成膜效果	评价
NT—11	1/4	78	柔软	可用
NT—8	1/4	50不聚沉，放置沉	微黄色，软，裂	不好
NT—12	7.5g/100mL			
乳液的用量为50mL，用水稀释10倍				

e. 吴江ASE—310硅丙乳液

表面活性剂	稀释比例	聚沉用液量/mL	成膜效果	评价
NT—11	1/4	不聚沉		不可用
NT—8	1/4	不聚沉		不可用
NT—12	7.5g/100ml			
乳液的用量为100ml，用水稀释10倍				

三　有机硅改性丙烯酸树脂分散体的性质

采用某些有机硅改性丙烯酸树脂为原料制备有机硅改性丙烯酸树脂非水分散体，可得到黏稠、透明、均匀的非水分散体材料，它们成膜性能良好，膜硬，有韧性，初步试验用于土样的加固，效果良好。特点是材料的黏度较高，采用同样浓度渗透土柱不易，但降低浓度效果仍很好，如果一代A型材料使用2%，则二代的B型可使用1%。

根据对丙烯酸树脂分散体的工作经验，需要有机硅改性丙烯酸树脂非水分散体也需要做性能分析，这些性能包括：

分散体中聚合物颗粒的粒径及分布。

分散体的黏度曲线。

分散体所成膜的显微结构、红外光谱、化学性能、机械性能以及耐老化能力等。

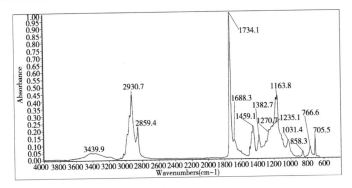

a1 31J 加固剂 100℃ 热老化，0 小时

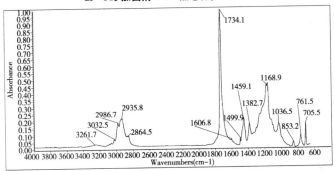

a2 31J 加固剂，100℃ 热老化，1000 小时

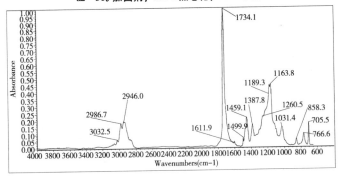

a3 31J 加固剂，100℃ 热老化，2000 小时

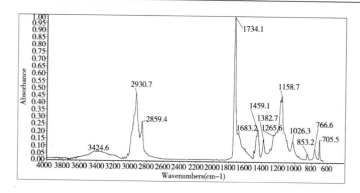

b1　添加紫外线吸收剂的 31J 加固剂 100℃热老化，0 小时

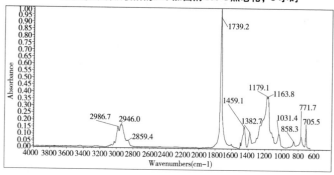

b2　添加紫外线吸收剂的 31J 加固剂 100℃热老化，1000 小时

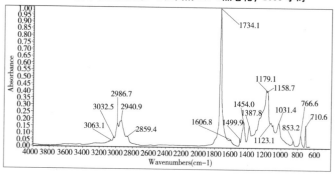

b3　添加紫外线吸收剂的 31J 加固剂 100℃热老化，2000 小时

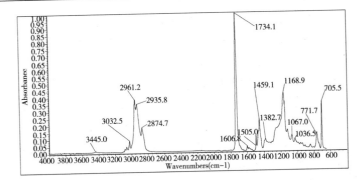

c1 251M 加固剂 100℃热老化，0 小时

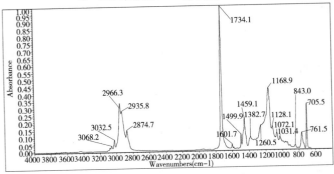

c2 251M 加固剂 100℃热老化，1000 小时

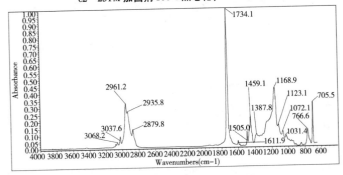

c3 251M 加固剂 100℃热老化，2000 小时

图 4—2 31J 与 251 热老化红外光谱图

由于内容多、时间有限，这些研究工作有待以后进行。

研究中仅对有机硅改性丙烯酸树脂非水分散体的耐光、热老化能力做了初步检验。

1. 251M 所成膜耐热老化试验

测量了成膜的热老化性能，并与 31J 膜的对比。

分别取 2% 的 31J，添加受阻胺类光稳定剂的 2% 的 31J 和 251M 加固剂 50mL，倒入直径 9cm 的培养皿中，使溶剂挥发、成膜，将试样在 100℃ 的烘箱中老化。

从外观看，发现 31J 加固剂、添加受阻胺类光稳定剂的 31J 加固剂在 100 小时后变黄，并且逐步增加，最后成为红褐色，而 251M 加固剂在 1000 小时没有色泽变化，直到 2000 小时才有微微的黄色。但是两个样品的膜都完整，没有破裂或粉碎现象；两个膜的硬度提高了，尤其是 31J 加固剂，由原来柔性的膜变得坚硬。由此说明有机硅改性丙烯酸树脂非水分散体的耐热老化能力强于原有的 31J 加固剂。

从红外光谱的分析也得到相同的结果。分别取 0、1000、2000 小时的样品做红外光谱分析，结果如图 4—2。

从图 4—2 谱图上看，31J 的两个样品和 251M 的样品未受热时在 $3424cm^{-1}$ 的位置都有吸收峰，但是经过加热后逐渐消失。这个峰标志着表面活性剂的存在，说明在 100℃ 加热条件下，表面活性剂出现蒸发的现象，这也是 31J 变硬的原因。

31J 和 251M 加固剂的红外光谱中，可以看到前者 $3424cm^{-1}$ 的吸收峰较高，而后者的吸收峰低，这是因为 31J 是采用 NT—11 制备的，属于 A 型产品，而 251 是采用 NT—8 制备的，属于 B 型产品，后者制备时用量小，因此吸收峰也低。

从图上还可以看到 31J 和添加了受阻胺类材料的 31J 在热老化作用下有轻微的变化，表现为各个峰吸收的变化，但是没有新的吸收峰出现。二者的差别小，说明采用受阻胺类材料的作用不是很明显。

251M的红外光谱吸收峰和各峰的吸收比例变化最小，说明这种材料在热老化作用下2000小时是稳定的。

2. 加固效果的检验

（1）制样

取昌平的黄土，粉碎，然后过筛，喷水使潮湿，含水率为13.2%。用制抗压试模将土样压成重290g，高100mm，直径50mm的土样，待干燥后用加固剂从上部滴注至土样饱和，在室内固化。

加固用材料有原来的一代A、B型材料，包括21J、21d、TD、TDd、TDZ以及新的二代材料，包括RC、251M、98A，以便对比：

21J——1.5%

21d——1.5%

TD——1.5%

TDd——1.5%

TDZ（丁酮稀释）——1.0%

TDZ（乙醇稀释）——1.0%

RC——1.5%

251M——1.5%

98A——1.5%

（2）效果检验

3天后采用南京土壤仪器厂生产的DW—1应变式无侧限压缩仪对土样的抗压强度进行测试。结果如表4—7。

由表可见，三种新型加固剂RC、251M、98A的抗压强度都比较好，尤其是98A的抗压强度，是所有材料中最好的，加之它们优良的耐候性，在室外使用，应该具有很好的加固效果，以及长久的使用期。

表4—7　　新、旧型加固剂加固强度对比

加固剂	断裂最大位移（0.01 毫米）				破坏载荷 kN	抗压强度 MPa
	1	2	3	平均		
21J	253	219	253	242	0.726	0.370
21d	303	288	323	305	0.915	0.467
TD	246	209	273	243	0.729	0.371
TDd	346	331	312	330	0.987	0.503
TDZ	309	300	342	317	0.948	0.484
RC	237	217	213	222	0.664	0.338
251	250	274	293	272	0.813	0.415
98A	315	357	336	336	1.004	0.512

第四节　BU、BW 系列材料复合溶剂的选择试验

该系列材料多采用丁酮做分散剂，有时使用环己酮，但一般使用单一的溶剂做分散剂，采用复合溶剂的目的是探索能否通过这个途径提高加固效果，降低材料成本，初步试验情况如下。

一　用石油醚做混合溶剂的试验

将浓的各类加固剂如31J 先用一半稀释剂量的丁酮稀释，然后添加石油醚，至出现轻微混浊，然后用丁酮滴加使加固剂变清，再添加石油醚，再用丁酮，直至达到要求的浓度（2%～3%），目的是石油醚使用量最高，而材料仍透明可用。

将干燥的土样用加固剂加固，然后使溶剂挥发，检验土样的

耐水性，经过对多种土样的试验，发现耐水试验中土样的上部总有部分高度不耐水而崩解，由此可以认为石油醚作稀释剂时要考虑在总体溶剂中的比例。出现上部崩解，是因为石油醚属非极性的溶剂，对弱极性的乳胶颗粒在渗透入土体的过程中有分离现象，它与丁酮等弱极性溶剂也有分离现象。

二 TZ 采用混合溶剂的试验

将 5.0% 的 TZ 用两种不同的溶剂体系稀释，对新制备的高 100mm、直径 50mm，含水量为 13.2%，湿重为 290g 的干燥土样进行加固，测量了渗透速度，结果如表 4—8。固化后检验耐水能力，并测定抗压强度，进行比较，结果见表 4—9。

表 4—8 采用混合溶剂渗透速度表

渗透时间（分钟）	渗透深度/mm	
	丁酮	丁酮－乙醇混合
0	0	0
5	23.5	23.5
10	33.0	30.0
15	39.5	38.0
20	45.0	44.3
25	49.5	51.5
30	54.5	56.5
35	59.0	61.5
40	64.0	65.5

表4—9　采用混合溶剂后加固强度的变化

编号	5.0%的 TZ 稀释到1%用溶剂	
	* 1	* 2
位移（0.01mm）	1	309	218
	2	300	167
	3	342	138
	平均	317	174
破坏载荷（kN）		0.948	0.520
抗压强度（MPa）		0.484	0.265

＊1——稀释剂为丁酮

＊2——稀释剂为丁酮：乙醇＝1∶3

　　通过耐水试验发现，使用乙醇做稀释剂也有加固作用，但是效果不如采用丁酮好，另外采用乙醇还会导致土样一定的膨胀，这是不好的现象，如果进一步采用多种材料进行试验，应该能够得到更好的稀释用溶剂体系。

　　溶剂体系的选择，重点可参考有机树脂的混合溶剂原理，但是不能照搬，必须要做实际的试验。

三　251M 采用不同分散剂的试验

　　采用251M加固剂进行了试验，取2%的加固剂（由8.9%的原液用丁酮稀释）分别用丁酮、丁酮与环己酮的混合溶剂（丁酮∶环己酮＝1∶1）、乙醇与乙二醇独丁醚混合溶剂（9∶1）稀释，用于加固湿重为290克的干燥土样，待固化后测定变形及抗压强度，结果如表4—10。

表 4—10　251M 采用不同溶剂稀释后的加固强度对比

	编号	251M 由 2% 稀释到 1% 用溶剂		
		＊1	＊2	＊3
位移（0.01mm）	1	194	35	249
	2	165	115	176
	3	204	138	268
	平均	188	129	264
破坏载荷（N）		562	385	789
抗压强度（MPa）		0.287	0.197	0.402

＊1——稀释剂为丁酮

＊2——稀释剂为丁酮：环己酮 = 1∶1

＊3——稀释剂为乙醇与乙二醇独丁醚混合溶剂（9∶1）

由表 4—10 可见，采用各种分散剂后土样的强度大小不同，说明采用不同的分散剂可以影响加固的效果。

采用丁酮：环己酮的效果最差，而采用乙醇与乙二醇独丁醚混合溶剂的效果最好，因此通过溶剂的混合与配比的调整，有可能找到最佳的溶剂体系。

第五节　露天遗址加固保护材料的研制

室外露天土遗址的加固保护，与室内的土遗址加固要求不一，最主要的特点是：对加固剂的要求强调材料的耐受光线老化作用的能力、耐受热老化的能力，因为在室外光线和热的作用是明显的。另外在特殊环境中的土遗址保护还要考虑特殊要求，如风沙地区要考虑耐磨能力，潮湿地区要考虑霉菌问题，严寒冰冻的北方地区要考虑材料的耐冻融能力，即在循环收缩膨胀作用下的稳定性。

一 使用一代 B 型材料

一代 B 型材料的特点是聚沉乳液用的阳离子表面活性剂用量少，少量的阳离子表面活性剂在进入非水分散体后，对最后形成的固体膜产生较小的影响，如改变聚合物膜玻璃化转变温度的范围小（与相应的乳液膜比较），因此所成的膜较硬，机械强度高。由于用量小，因此很少降低膜的耐光、热老化能力。由于丙烯酸树脂的耐候性好，所以在室外使用是可行的。

二 二代材料的使用

虽然一代 B 型材料较一代 A 型材料的耐光、热老化的能力好，但是一代材料属丙烯酸树脂类材料，虽然耐光热老化的能力有所提高，但是毕竟有限，而且现在已经有耐候性更好的材料，如果能够开发出这类材料的非水分散材料做防风化加固剂，则材料的性能更好，保护效果更高。

我们研究的二代材料，有机硅改性丙烯酸树脂非水分散材料，就是根据这样的思路研制的。根据初步检验，耐光热老化的能力比一代材料好，因此在室外土遗址使用这类材料，将会有更好的保护效果。

第五章　BU 加固剂加固机理的
推测与初步证明

第一节　有关非水分散体成膜过程的讨论

非水分散体的成膜，文献报道不多。由于非水分散体和乳液相似，都是由一种相分散在另一种不同相内的非均匀分散体，所以解释这种材料的成膜现象可以参考乳液的成膜情况。

乳胶成膜机理的论述很多，有乳液成膜的一般论述[①②]，也有对某种乳液成膜的研究论文[③④]。

乳胶是固体微粒分散在连续相的水中形成的非均相分散体。通常乳胶中的微粒在水中可以以布朗运动的方式自由运动。在脱水过程中，随着水分的挥发这种运动受到限制，最终达到乳胶颗粒相互靠近，形成紧密的堆积。

在乳液中乳胶粒子由于表面双电层的保护，乳胶颗粒中的聚合物之间不能直接接触。形成紧密堆积的起始阶段，直接的

---

①　洪啸吟，冯汉保编：涂料化学。北京：科学出版社，1997 年 8 月（第一版），第 18～20 页。

②　武利民编：涂料技术基础。北京：化学工业出版社，1999 年 10 月（第一版），第 217～218 页。

③　Paul A. Steward, Literature review of polymer latex film formation and particle coalesence.

④　Young—Jun Park, Jung—Hyun Kim, Film formation from reactive latex particles: influence of intraparticle crosslinking on mechanical poperties, Colloids and Surfaces, A: Physiochemical and Engineering Aspects 153 (1999) pp583～590.

接触也不会发生。但由于乳胶粒子之间互相接触，形成曲率半径很小的空隙，这种空隙相当于很小的"毛细管"，毛细管被水所充满。由水的表面张力引起的毛细管力对乳胶粒子施加很大的压力，促使它们靠近。水分不断挥发，颗粒之间的距离不断减小，压力也不断增加，最终克服了双电层的阻力，使两个或多个乳胶颗粒内部的聚合物互相接近并直接接触，融合为一体。如果聚合物内有交联基团存在，则形成分子量更大的聚合物。

乳胶颗粒之间的毛细管力与多种因素有关①，其中最为重要的是乳胶颗粒的半径。半径越小，压力越大，乳胶颗粒团聚的可能也越大。

但是乳胶颗粒中的聚合物能否结合为一体，还受到乳胶颗粒本身的影响和外界因素的影响。

当乳胶颗粒本身的玻璃化转变温度较高，颗粒之间接触后不会变形而表现为刚性，则乳胶颗粒不会融合为一体。另一方面，外界温度也影响乳胶的融合。如果外界温度高于乳胶颗粒的玻璃化转变温度，乳胶颗粒就成为柔软的弹性体，融合就能发生，反之，就形成碎裂的粉末状物质。

乳胶颗粒聚结成膜的解释对解释非水分散体的聚结成膜有借鉴作用。

非水分散体（也称非水乳液）与水性乳液成膜的不同之处在于两者的分散介质不同。作为乳液的分散介质的水，具有介电常数高、导电性强、表面张力大、挥发速度低的特点，而作为非水分散体介质的有机溶剂，表面张力小，多数挥发速度快。

---

① Richard M, Pashley, Marilyn E. Karaman, The role of the meniscus in the drying of latex films, Colloids and Surfaces, A: Physicochemical and Engineering Aspects 191 (2001) pp253~262.

　　BU类非水分散体与乳液相似，都是非均相分散体，但是也有不同之处：a. 这类分散体的分散剂对乳胶颗粒有溶胀能力，导致颗粒非常柔软，颗粒之间距离近，非常容易接近而互相融合；b. 由于颗粒之间的互相排斥是靠空间位阻来形成的，这种稳定很容易被打破。为了稳定，颗粒之间的距离不能太近。导致这类分散体的固体含量不能太高，否则将不稳定而很快凝聚。另外颗粒的溶胀造成颗粒体积的增大，相同固体含量下非水分散体的黏度要远远高于水性乳液。

　　由于这些特点，BU类非水分散体的成膜过程可以推断如下：当分散体加固剂渗透进入土体后，作为分散剂的有机溶剂的分子就开始挥发，分散相的分子挥发，导致因空间位阻而稳定的聚合物颗粒之间的距离越来越近，当分散剂挥发使聚合物颗粒能够互相接触时，这些颗粒将尽可能地达到紧密堆积。在向紧密堆积调整的过程中，同时还会发生两个颗粒由于溶剂的毛细作用而互相靠近，并由于溶剂的挥发产生更大的毛细压力，促进颗粒的接近，最后导致颗粒的融合。

　　由于有机溶剂的表面张力较小，因此推动颗粒之间互相融合的力不如水溶液的大，但是由于有机溶剂的溶胀作用，树脂比较容易变形，因此在毛细作用力的推动下很容易就融合在一起了。

　　如果聚合物颗粒表面带有交联基团，那么融合过程还有交联反应的发生。最后形成聚合物的膜或许多聚合物颗粒的团聚体，根据颗粒的聚集程度而异。多则形成膜，少则容易形成团聚体。

第二节　加固机理的分析

一　SEM观察被加固土样

对加固剂前后处理的样品进行扫描电镜（SEM）观察，目的是寻找加固剂在土中的存在形式，加固剂与土体中矿物颗粒的结合形式。

在前阶段的工作中曾采用扫描电镜（SEM）对加固剂处理前后的土样进行了分析研究，但是由于土的矿物成分非常复杂，分析的土样显微结构不易判读，得到的结果不易解释。虽然可以认为找到了加固剂，但是局部的、片面的结果不能彻底说明问题，而且加固剂在土内存在的位置和状态直接关系到加固机理的解释。由于这个工作的重要性，对加固剂在被加固样品中的存在状态进行了深入研究。

1. SEM 观察加固剂处理前后的混合矿物颗粒

目的：是寻找加固剂了解其存在形态。

方法：初步拟采用微小颗粒的矿物或玻璃珠为加固对象，固结完成，用扫描电镜（SEM）观察，这样可以简化显微环境中微粒形态观察的复杂程度。在实际测定中采用颐和园万寿山上的石材经过切割后留下的粉末状石粉做被加固材料。将石粉用水清洗后沉淀，固结的块状物经过 31J—2% 处理后，取样进行扫描电镜观察，并与空白样品对比，结果见图 5—1。

仪器：德国 OPTON 公司的 CSM950 型扫描电镜。

结果及讨论：由电镜照片可见，没有加固的石粉块在轻触下就成为碎粉，在制样过程中不能得到块状的样品，而加固过的样品已经形成块状的结构。从显微结构看，未加固的石粉颗粒边缘清晰，颗粒表面平整光滑。而加固过的样品中矿物颗粒表面可以看到一些膜状的物质，这些膜状物包覆在矿物颗粒的表面，并将一些微小的颗粒粘附在大的颗粒表面，另外膜状物还有搭接颗粒的作用，由于这些膜状物无一定形状，并呈包膜状存在于颗粒表面或连接处，是空白样品中所没有的，因此可以断定这些物质是有机的加固剂，同时也说明了这些加固剂的存在形态和起作用的原理。

未加固的石粉，呈碎末状

加固的石粉，可以成为完整的块状

未加固的石粉，颗粒边缘
尖锐，表面平整

加固的石粉颗粒，表面有膜
状物质覆盖

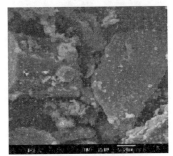

未加固的石粉，颗粒边缘
尖锐，表面平整

加固的石粉，颗粒表面有膜状物，
颗粒连接处有膜状物连接

图5—1　石粉采用31J加固前后的显微结构

2. 用环境扫描电镜对加固剂处理前后样品的观察①

目的：寻找土样内的加固剂，了解其存在形态。

方法：采用环境扫描电镜在低真空下对样品进行观察。环境扫描电镜的特点是不需要在样品上镀膜，因此观察样品效果更好，结果见图5—2，3。

A.4 未加固的土样，918×

A.5 未加固的土样，2096×，
颗粒边缘清晰，表面平整

A.6　未加固的土样，2096×，可见
一些颗粒边缘不清的物质，但是
空洞明显

A.7　未加固的土样，3922×

图5—2　秦俑土样采用31J加固前的显微结构

结果及讨论：由环境扫描电镜的观察可以得出和扫描电镜观察相似的结果。

在未加固的土样中可以看到土壤结构明显，矿物颗粒边缘尖

① 该项分析是由美国Getty研究所的Agnew博士和David Carson先生完成的，特此致谢。

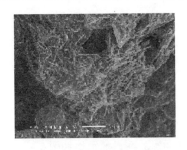 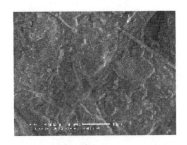

B. 8 917× 被加固的土样，颗粒团
体表面被膜状物包覆，大孔洞残留。
另外可见针状的结晶部分在膜状
物内，另外的部分伸出

B. 9 加固的土样，2096×，可见
颗粒表面有一层无定型膜状
物质所包覆

图 5—2　秦俑土样采用 31J 加固后的显微结构

锐清晰，表面平滑。

加固处理后的土样，许多的矿物颗粒表面被膜状物质包覆，这种膜状物有的是在一个矿物颗粒表面，有的是在多个矿物颗粒的团聚体表面，结果是将这些颗粒团聚起来。还有些膜状物在矿物颗粒之间存在，将两个矿物颗粒搭接起来。在处理过的土样中还可以看到盐类的针状结晶，它们有的被膜状物质搭接到矿物微粒上，有的一半被包埋，一半暴露在外面。

通过这个分析可以认为膜状物就是加固剂，它将土颗粒包埋起来，提高了耐水性；将颗粒团聚或搭接，提高了显微结构的稳定性，宏观结果就是提高了加固强度。

二　土力学方法解释加固机理

1. 原理

土样的应力应变曲线反映了其抵抗变形的能力，而处理前后的土样的应力应变曲线对比，反映了加固处理后对土样性能的改变，也反映了土样微观结构的改变。

2. 样品制备

采用 0.6% 的 31J 加固剂对重量为 290g、高 100mm、直径

50mm 的标准土样分别进行了 5 次加固处理，然后测定每次处理后土样抗压强度的提高。并与正硅酸乙酯处理的土样进行比较。固化条件是将处理后的土样用塑料薄膜封装，在室温和湿度 40% ～60% 的条件下存放一个月。

3. 应力应变曲线的测量

采用常用的压力机按照国家标准进行。测量了空白土样和加固剂处理 1、3、5 次的样品的应力应变曲线。测量的结果如图 5—4。

空白和加固处理的样品的单轴抗压强度见表 5—1。

表 5—1　各种土样的破坏载荷

样品	峰值强度（MPa）
空白	0.48
TEOS 加固	0.41
一次加固	0.58
二次加固	0.62
三次加固	0.97

由应力—应变图可见，土样经过加固后，在相同的应力作用下，应变都有所增加，这可能与重塑土样颗粒之间没有很好的连接而是简单地靠挤压结合在一起，在用加固剂处理过程中对土样的微观结构有轻微扰动有关，这种扰动使土样颗粒的距离进行了调整，直接的接触减少，而各个颗粒之间的距离增大了。

用 TEOS 处理的土样当竖向应力达到一定值时突然破坏，表现为脆性断裂，表明用这种材料加固后土样的脆性增加了。而与空白相比应变的减小可能是因为乙醇溶剂对黏土颗粒尤其是蒙脱石造成的膨胀使土体变疏松有关。

用 31J 加固的样品，按照 1、3、5 的顺序峰值强度不断增加，说明多次处理可以提高土体的强度，多次处理还使达到破坏最大载荷后仍然有一定的应变而不破坏，说明材料赋予了土体一

空白——应力－应变曲线

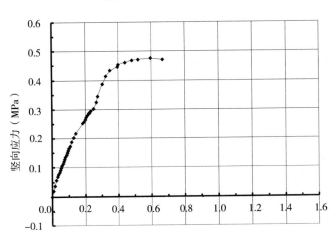

竖向应变（%）

TOES——应力－应变曲线

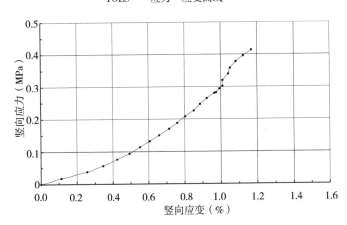

一次加固——应力-应变曲线

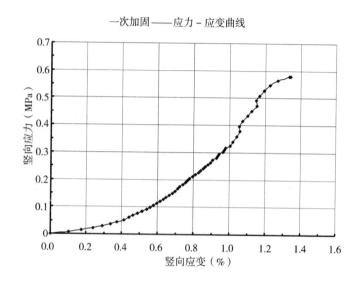

三次加固——应力-应变曲线

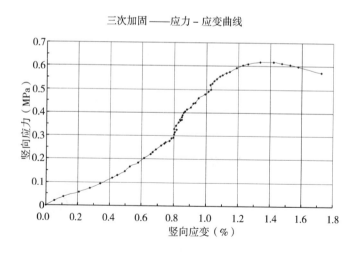

五次加固——应力 - 应变曲线

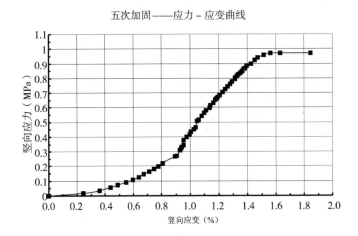

应力 - 应变曲线

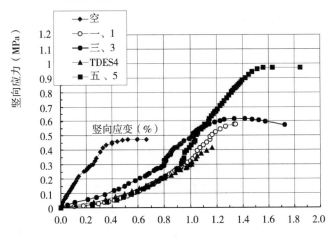

图 5—4　各种土样的应力 - 应变曲线

定的柔韧性。5 次加固的样品在试验中观察到如下现象：土样的应力应变曲线在应力达到最大峰值以前曾多次出现峰值增加、下降，增加、下降的循环，说明土样在受到外界应力的作用时内部结构在不断调整，这可能是加固剂在颗粒之间存在所形成弹性膜的作用，也说明加固剂对土体的连接作用，产生韧性是加固处理的一个优点。

用31J加固的样品，与空白土样相比也出现应变减小的现象，这可能是因为溶剂的影响，也可能是加固剂中表面活性剂使土体中某些颗粒表面得到改性的结果。

三　水理性质研究加固机理

1. 原理

在土力学上将黏土抵抗外力所引起的变形的能力称为土的稠度。当土的含水量很大而处于泥浆状态时，它就失去抵抗变形的能力，把这种状态叫做流动状态。如果把黏土处于流动状态的含水量逐渐减少，可以发现其体积将产生收缩，而当含水量减少到某种限度后，土即进入可塑状态。可塑态就是在这种含水量下，黏土可以揉捏成任意形状，而当外力去除后仍能保持其原有的形状的性质。黏土的这种属性叫做可塑性。土在可塑态时，如将含水量减少，同样会产生体积的收缩，而当含水量减少到某种限度以后，黏土立即进入半固体状态。这个状态就是指黏土在此含水量下失去了可塑性，用手揉捏或施加外力容易破碎的现象。土处于半固态时，如将含水量继续减少到某种限度后，立即进入固态。土在这个形态时即使含水量减小，但其体积将不再收缩而保持不变，并具有较大的抵抗变形的能力。

土的稠度可用液限、塑限、缩限、塑性指数等表示。

液限表示黏性土从流动状态转入可塑状态的界限含水量。

塑限表示黏性土由可塑状态转入半固态时的界限含水量。

液限与塑限的差就是塑性指数。

检验BU材料提高土样水稳定性的具体检验方法，是根据土的水理性质试验的原理设计的。

根据推论，阳离子表面活性剂对黏土的表面性质有改变，也应该改变土的稠度特征。

2. 方法

将北京昌平的次生黄土用50g/L的阳离子表面活性剂NT—11、NT—8环己烷溶液处理，处理后测量其水理性质，结果如表5—2。

表5—2　黄土用表面活性剂处理后的水理性质

土样	塑限	液限	塑性指数
空白	14.21	26.14	11.93
NT—11处理	19.32	27.4	8.08
NT—8处理	21.04	27.78	6.74

由表7—2可见，经过处理的土样，液限、塑限都有所增加，而塑性指数有所减小。

液限的增加表明经过处理的土需要比原土含水量更高才能液化。

塑限的增加表明经过处理的黏土需要比原土含水量更高才能进入可塑态。塑限的增加较大，分别为5.21和6.73，说明要让处理过的固态的黏土变成可以变形的状态，需要使其含水量比原土增加几个百分点才可以。这在土遗址保护中是有意义的：塑限提高后，土在更高的含水量下仍然能保持固体形态而不变形，这样可以抵抗更大的自重和外界压力而不破坏。

通过液限、塑限的测量说明了阳离子表面活性剂对土遗址的保护作用，即通过改变土体颗粒的表面性质，从宏观上改变了土体应对水的作用而不变形破坏的能力。

第三节　加固剂加固过程的再解释

一　非水分散体在土体内部成膜机理的解释

加固剂在多孔介质如土体中的聚结过程，由于土体中矿物颗粒对聚合物颗粒有吸附作用，聚合物颗粒将吸附在颗粒上，并在溶剂挥发后聚结，如果表面的颗粒是连续的则形成膜，如果颗粒呈分散状则会形成多个聚合物颗粒的团聚体。

不同的矿物颗粒对聚合物颗粒有不同的吸附能力，比表面积大、电性强的颗粒吸附更多的颗粒，而比表面小的颗粒则只能吸附很少的颗粒。

乳胶颗粒不仅会处于土体内部矿物颗粒的表面，而且会处于矿物颗粒之间的缝隙和矿物颗粒的连接处。这是因为在溶剂挥发过程中，体积减小的液体会向颗粒的表面、颗粒之间的接合处等位置移动，或者说首先变成孔隙的是远离颗粒表面的部分。

分散体中的聚合物颗粒在土体中有一定的分布，如在大的空洞的表面，小的裂隙的表面，但不会在小于自己粒径的空洞中出现，因为这些地方聚合物颗粒的流动将受到阻挡，甚至孔径是粒径若干倍的孔径也不会有颗粒的存在。

土体对分散体中的聚合物颗粒和溶剂分子也会有选择性，导致二者的运动速度不同，形成分选现象，这在环氧树脂加固剂的应用中非常明显。致使树脂和固化剂出现分离现象，固化强度受到影响。但是这种选择性可以通过选择合适的溶剂而消除，如选择与聚合物颗粒溶解度参数相似的溶剂。BU 系列加固剂的特点就是土体对聚合物颗粒和溶剂没有分选性。

二　加固剂覆盖面积的计算与加固机理的解释

加固剂覆盖面积推算可以帮助解释加固的机理，对加固剂的覆盖面积进行了初步的推算。

1. 实验方法

取一直径为 8.5cm 的培养皿，置于半密封的容器中，然后取 200mL 的 31J 加固剂分散体，每次倒入 20～30mL，使溶剂挥发，然后再添加，待加固剂全部倒完并且彻底固化，称量加固剂的重量，并计算其体积。结果如下：膜厚 0.072cm，直径 8.5cm，重量 4.00853g。

2. 面积估算

加固剂所成膜的体积：$V = 3.14 \times (4.25)^2 \times 0.072 = 4.08357\text{cm}^3$

加固剂的比重：$\rho = W/V = 4.00853/4.08357 = 0.9816\text{g/cm}^3 \approx 0.98 \text{ g/cm}^3$

从微观出发，计算单个加固剂颗粒：

体积：已知31J分散体微粒的半径为50nm，那么单个微粒的体积可计算如下：

$$V_M = (4/3) \times \pi r^3$$
$$= (4/3) \times 3.14 \times (50\text{nm})^3$$
$$= (4/3) \times 3.14 \times (50 \times 10^{-7}\text{cm})^3$$
$$= 5.23 \times 10^{-16}\text{cm}^3$$

假设加固剂乳胶微粒在互相交联后体积不变，那么本试验所得的加固剂膜含有加固剂微粒的数目是：

$N = V/v_M = 4.08356/5.23333 \times 10^{-16} = 7.803 \times 10^{15}$（个）

200ml的加固剂含有加固剂微粒7.803×10^{15}个，如果这些微粒以正方形排列的形式（每个微粒周围有四个微粒相邻）平铺，占有的面积计算如下：

每边微粒的个数 $= (7.803 \times 10^{15})^{1/2} = 8.83 \times 10^7$

每边的长度 $= 8.83 \times 10^7 \times 50 \times 2$（nm）$= 8.83 \times 10^9\text{nm} = 8.83\text{m}$

这样形成的正方形的面积 $= 8.83 \times 8.83 = 77.97\text{m}^2$

3. 推论与解释

根据土壤化学的研究结果[1]，每克蒙脱石的外表面积为15～100m^2，每克高岭石的外表面积为7～30m^2，每克伊利石的外表面积为67～100m^2。通常情况下，每个270g的土柱吸收加

---

[1]　于天仁主编：土壤化学原理，北京：科学出版社，1987（第一版），第158页。

固剂的量为100mL，加固剂颗粒最后所成的膜面积约为77.97÷2＝38.99m^2，相当于1克高岭石的外表面积。这表明加固剂微粒最后所成的膜，只能覆盖土体中各种矿物颗粒表面的很少部分。

加固剂微粒的玻璃化转变温度也是需要考虑的一个方面。由于31J、21J、54J三种加固剂的玻璃化转变温度分别是15.62℃、8.26℃、4.50℃，这些微粒吸附在矿物颗粒表面的时候，可能会出现变形现象，如从球体变化为膜状向矿物颗粒表面包覆，在这种情况下，矿物颗粒的高吸附能力也应该是一种需要考虑的因素。

无论如何，加固剂微粒最后只在很少的矿物颗粒表面吸附，但是它们所起的作用却又是如此大，确实需要进一步认真研究。

第四节　加固剂对土体的稳定性作用的总结

BU和BW系列非水分散体加固剂对土体进行处理后，使土体的耐水性得到很大提高，水崩解时间的提高是无限的（一些样品已在水中浸泡10年，仍很稳定），土样的耐冻融能力也大为提高。这些结果可解释如下：

1. 加固剂中的阳离子表面活性剂被土体中的颗粒吸附，导致了土体颗粒的稳定性，即在水的作用下的惰性；尤其是对蒙脱石类矿物的稳定作用。

2. 加固剂中的聚合物颗粒吸附在矿物颗粒的表面或处于颗粒的交界处，形成层状或片状的膜，这些膜对水有一定的排斥性，对土体有稳定作用。

3. 加固剂中的聚合物颗粒吸附在矿物颗粒的表面，或处于颗粒的交界处，形成层状或片状的膜，并深入层状矿物的内层，通过物理或化学吸附与颗粒形成连接，这些膜使矿物颗粒之间的连接得到加强，这种加强作用是柔性的连接，因此使土体可以在一定程度抵抗外力的作用而不破坏。

4. 加固剂对土体颗粒的连接作用，提高了宏观的机械强度。

5. 加固剂在粘接内部颗粒的同时，又具有柔韧性，因此使被粘接内部颗粒加固的土体具有一定的柔性，这种柔性是耐受冻融、耐受盐结晶破坏的原因。

第六章 加固材料实地应用与效果评价

第一节 秦陵土遗址现场加固试验和试用

秦始皇兵马俑博物馆的1、2、3号坑出土了重要的兵马俑，这些遗址坑内的夯土隔梁作为兵马俑遗址的重要组成部分，也成为保护的对象。为保护土遗址，开展了相关的研究工作。

秦陵土遗址的防风化保护方面，多年来许多研究机构提出了一些方法，但均有一定的不足之处，例如丙烯酸树脂溶液有表面结壳、颜色加深等现象；PS材料易产生发白现象，妨碍了这些材料的使用，前文已经进行了论述。德国的某些研究机构也进行了加固试验，有关秦俑土遗址防风化的研究仍在进行。

对兵马俑坑土遗址的保护研究中，我们提出了非水分散体材料的概念，并在试验研究的基础上制备出BU系列土遗址防风化保护材料。为了证明该系列材料在秦俑土遗址的适用性，在秦俑实地进行了加固剂的加固试验，并对效果进行了检验。

一 试验块与加固方法

试验采用试验室试验后总结的最佳配比。

在秦始皇兵马俑遗址选择了几个试验点，试验点位置分别为：

秦俑一号坑：前五方与后五方，进行31J、21J的加固效果试验。

秦俑4号坑：4号坑是一个发掘而未确定的遗址坑，使用玻璃罩子密封保存，做潮湿环境下加固效果的初步实验。

秦陵铠甲坑附近生土层：用多个配方做了一些实验块，室外自然老化试验。

加固剂的使用方法：试验室内制备的加固剂原液，在现场采用工业级溶剂分散稀释，用气压喷枪喷施。

1. 秦俑一号坑前5方土隔梁上试验块的加固

在一号坑前五方的北壁中部选择试验块三个（土的孔隙率为50.5%），分别用1%、2%、3%的31J加固剂进行处理，处理面积分别为30cm×30cm、30cm×30cm、36cm×60cm，用液量分别为1490mL、2235mL、4470mL，喷施时间分别为25分钟、70分钟、120分钟。加固剂喷完后，为了控制溶剂的挥发以减少色变，用透明的聚氯乙烯薄膜进行封盖，一个月后打开让残留的溶剂挥发，待残留溶剂挥发完可见色泽基本不变。

2. 一号坑后5方探方壁上试验块的加固

在后五方的探方壁上用于的试验包括31J和21J（一代A型材料）两种材料：

（1）31J试验点：试验块在第27探方的西壁。面积70cm×90cm，采用2%的31J加固剂（溶剂为丁酮：乙酸丁酯=1:1）进行喷施，用量为7000mL，喷完为止，时间为150分钟。喷完后在喷施处选择三点，检查加固剂渗透情况，发现渗透深度在4.5cm~5.0cm之间（土的孔隙率为38.4%）。处理完成后的试验块留出10cm的一条使溶剂自然挥发，余下部分用聚氯乙烯薄膜覆盖，隔一段时间打开10cm，溶剂全部挥发后比较颜色变化。

（2）21J试验点：试验块在第26探方的西壁。面积100cm×100cm，采用2%的21J加固剂（溶剂为丁酮：乙酸丁酯=1:1）进行喷施，用量为7000mL，喷完为止，时间为60分钟。喷完后在喷施处选择三点，检查加固剂渗透情况，发现渗透深度在2.8cm左右（土的孔隙率为38.4%）。处理完成后的试验块留出

10cm 的一条使溶剂自然挥发，余下部分用聚氯乙烯薄膜覆盖，隔一段时间打开 10cm，溶剂全部挥发后比较颜色变化。

3. 秦俑四号坑内试验块的加固

四号坑为一个未搞清的探方，为保存其原状，用玻璃棚架进行了遮盖保护。由于封闭较严，坑内湿度较大，坑壁潮湿并有严重的生霉、盐结晶现象。是检验加固剂在潮湿情况下使用效果的理想场所。采用 2% 的 31J 加固剂在坑壁的上部与靠下部位进行了加固试验（各两块），试验块面积分别为 60cm × 70cm、60cm × 65cm，用液量均为 3600mL，时间为 60 分钟。处理完成后，使被加固部位自然干燥。采取坑内湿土块（含水率为 11%，土壤干燥后孔隙率为 45.7%）用同样的方法加固，干燥后色泽与未处理土一致，浸泡在水里稳定，不崩解。

4. 秦陵铠甲坑附近生土加固试验

为检验材料的耐自然老化能力，在秦俑坑附近新发掘的铠甲坑附近，选择一块地面，削去表土，将土切成面积为 20cm × 20cm，高为 30cm 的土柱。使用以下材料及浓度配比进行加固：

（1）31J——1%、2%、3%：非水分散体溶液

（2）21J——2%：非水分散体溶液

（3）54J——2%：非水分散体溶液

（4）S—PU——10%、20%：双组分的聚氨酯溶液

（5）TEOS—C_2H_5OH—HCl——使用盐酸催化的正硅酸乙酯溶液

每块土柱加固材料的使用量在 1 升。采用滴注的方法进行处理，完成后记录加固剂渗透到的区域。然后用塑料布封盖。一月后揭开观察颜色变化，并使土柱暴露在自然环境中，进行耐老化试验。

二　加固效果检验

在加固处理完成后，为了检验其效果，分别对各个试验块进行了以下检验：

（1）颜色：通过对一号坑前五方与后五方加固试验块颜色的目视比较，加固前后色泽变化很小，没有眩光现象产生。

四号坑内的试验块在经过溶剂自然挥发后，颜色无变化，看不出任何加固的痕迹。

秦俑铠甲坑附近的试验土柱在揭开一个月、三个月后进行观察，除双组分聚氨酯（S—PU）的试验块有颜色变化外，其他试验块与未处理的土柱相比无色泽变化。

（2）表面形貌：通过对一号坑的试验块观察，发现加固前后，加固与未加固土的外观形状没有改变。四号坑内的试验块表面形貌较加固前也没有改变。

秦俑铠甲坑附近试验块的观察可以发现，凡处理土柱的表面形状与原来相似，许多土颗粒还保留着，而未处理的土柱，表面已经变得比较模糊，出现了风化现象。

（3）透气性：一号坑壁发掘已完成，不能进行破坏性检验，为了检验加固处理前后透气性是否改变，设计了如下试验：将称重的变色硅胶装在一称量瓶中，然后放入另外一个较大的称量瓶，将大称量瓶通过橡皮泥分别黏附在加固与未加固坑壁上，24小时后称量硅胶的吸水量，进行比较结果如表6—1：

表6—1 处理前后吸湿量变化

位置	硅胶＋称量瓶重（g）		吸湿量（g）
	吸湿前	吸湿后	
未处理	7.61	7.75	0.14
处理	7.57	7.79	0.22

由此证明加固与未加固的坑壁扩散湿气的能力相同。

另一个检验方法是将乙醇分别喷洒在处理与未处理的坑壁上，试验发现两者渗入的速度基本相当，说明处理的坑壁孔隙未被堵塞。

（4）渗透深度：已在前文后五方试验中检查了喷施后加固液的渗透深度，为了检验加固剂固化后的加固层厚度，在后五方隔梁的试验块上截取一面积 30mm×30mm，高 50mm 的土柱，置于水中检验耐水性，发现 26 探方试验块中加固剂的加固厚度在 2cm 左右，27 探方的试验块加固剂的加固厚度在 4cm 左右。

在加固试验过程中注重对色泽等方面的试验，如果在试验中延长渗透时间，可提高加固深度。

（5）潮湿土遗址上的使用效果：对四号坑内潮湿坑壁上的试验块进行检查，发现经处理的部分色泽不变。钻取距表面 6cm 的土样，检验加固剂的加固深度，证明距表面 5.5cm 以内的部位在水中不崩解，已被加固。说明 31J 加固剂对潮湿（含水量 = 11%）土遗址同样可做加固处理。

通过在秦俑土遗址的实地试验，初步证明 31J、21J 及 54J 三种加固剂在适当的浓度下，对秦俑坑土遗址的防风化保护有效。

经过在秦俑的实地试验，证明 BU 系列加固剂在适当的浓度下，对土遗址保护效果良好。

因此可以认为，该系列加固剂克服了现有加固剂的不足，为土遗址防风化保护提供了一种有应用前景的材料。

三　BU 系列加固剂在兵马俑遗址的中试

试验地点选在一号坑 8 号隔梁的中部，该隔梁的南部坑道未完全发掘，再南部是保留的发掘用道路。由于未完全发掘，隔梁南部的侧面只有 50cm 左右暴露。隔梁南北长约 15m，侧面高约 1.6m，并有几个突出的土垛，上面宽约 1.8m。粗算面积约 45 平方米。

材料选择 31J 加固剂，将 BC—4431 乳液和 NT—11 携带到现场制备。根据初步试验，选用 2.5% 的浓度进行加固，总用量约为 300L，平均用量为 6.67L/m^2。

由于隔梁的表面覆盖一层降尘，在加固以前首先对降尘进行清扫。

　　考虑到参观的需要，中试在晚上进行，并将展室的窗子打开，以减少溶剂气体在室内的滞留。材料的施用采用聚酯瓶，在瓶盖上用针扎细密的孔眼。喷洒时将瓶口距离坑壁10cm左右，并控制束流的冲击力和流量。在土体有吸收能力的情况下不断补充，当土体吸收缓慢后停止。试验完成后用塑料布将试验部分遮盖。

　　试验过程中发现的问题有：隔梁上部的突起部分在加固完成封盖后，有些变形，这是由于土体在吸收加固剂后强度有所降低，封盖的塑料布面积大，具有一定的重量，并且在下部为了封闭采用重物压坠，因此对突起的部分产生了过多的压力，造成这部分变形。另外加固过程中突起的部分有一些白色凝胶状物质聚集，这可能是由于在这些部位溶剂挥发快，加固剂浓度提高而成，溶剂挥发导致的温度的降低也加重了这种作用，但是当溶剂挥发后没有发现颜色等的改变。

　　试验结束一个月后进行了检查，发现的问题是：某些部位颜色稍深，这个问题表明加固剂的浓度高了，如果使用1.5% ~ 2%，就会好些或不出现。另外如使用的溶剂换为高沸点的，也能减小变色。但是这种颜色变化只是稍微加深，从观感上是可以接受的。在以后的多年时间内对该部分的试验进行了多次观察，发现颜色的变化逐渐减小，已基本看不出来（见图版6）。

　　四　BU系列加固剂现场应用方法

　　关于加固剂的使用方法，在实验室与现场试验的基础上，总结合理的步骤如下：

　　（1）对处理的部分进行预处理，例如对有降尘的表面，应该清除降尘；对有盐分的部位，也应将表面的盐分扫除。

　　（2）选用不同的加固剂及浓度在待处理的部位做一些试验块，以选择最佳的配方。

　　（3）加固剂的使用时间选择：因为溶剂挥发易对加固效果

产生影响，所以应选择温度低的时间施工，如在冬季或春秋季节。

（4）加固剂使用时可以喷施，也可以采用滴灌的方法；使用时应注意控制速度，在加固剂渗入土体后再补充加固剂，增加渗透深度的办法是延长渗透时间。

（5）加固处理完成后为防止表面色泽加深，应对处理部位进行覆盖，时间在 1~2 周。

BU 加固剂加固土遗址的工艺简单，不需要复杂的设备，但所使用的溶剂如丁酮、乙酸丁酯等有易燃性，所以在施工中应注意防火，另外溶剂的气味对人体也有一定的刺激作用，所以在观众较多的土遗址上进行施工时，应尽量避开参观高峰期，并准备通风设备。

第二节　汉阳陵遗址的试用

一　加固试验

汉景帝阳陵遗址自 1996 年开始发掘，出土了门阙遗址，并在帝陵的东部发掘了许多的陪葬坑。这些坑内的土壁在长时间的自然暴露后出现了风化现象，因此适合进行加固材料试验，试验在 2000 年 5 月进行。

阳陵的土质特点是土壤颗粒极细，并且石英颗粒含量高，因此土色明显偏白。试验块包括了不同的条件，各试验块的情况如下：

（1）干燥的墓坑坑壁：在北部的一个墓北壁上选择试验块，面积为 60cm×70cm，共使用 2% 的 31J 加固剂 6L。加固完成后封盖。

（2）坑壁上木纹痕迹：在北部的一个墓道内可见支护用木材朽坏后残留的木纹，清晰而明显。在这些部位选择 60cm×70cm 的试验块，用 2% 的 31J 加固剂喷洒，共使用 5L，完成后封盖。

（3）水渠遗迹的试验块：在水渠遗迹西部北壁的露天部位。选择北壁是让加固过的土体在阳光作用下老化，检验材料的耐老化能力。共选择两块试验块，加固面积均为 80cm×80cm，左边使用 2% 的 31J 加固剂，右边使用添加抗光、热老化材料的 2% 的 31J 加固剂，使用的材料是紫外线吸收剂 HS508（1.0%），抗氧剂 DLTP（1.5%），助抗氧剂 7920（0.5%）。分别使用加固剂 8L 和 9L。施用时间为 40 分钟左右。温度为 26℃ 左右。在加固过程中发现坑壁有一薄层膜状物阻止加固剂的吸收，这可能是土体表面雨水冲刷，细小颗粒积聚形成的。

（4）潮湿漆绘木马的痕迹：在南部墓道内，这些随葬的木马由于年代久远，已经彻底腐朽，木质部分被细泥取代而保持形状，表面的漆仍然存在。由于无法制止打开后的收缩开裂，这些文物自发掘后就被用塑料薄膜覆盖以保持高湿度，并需要不断喷洒水。选择其中的一个木马作为试验样品，采用 1.6% 的 31J 加固剂进行滴注，时间约为 1 小时。使用量为 800mL。使用过程中吸收很慢，并且有漆皮卷曲现象。

（5）8 号坑潮湿土坑壁：8 号坑采用斯洛文尼亚共和国捐建的密封保护设施进行保护，内部湿度很高。在通往保护部分的下部坑壁和供参观的上部坑壁选择两块试验块，上部面积为 40cm×60cm，下部面积略大，均使用 31J 加固剂 2.5L。

二 应用效果检验

试验过后 5 个月对试验效果进行了观察，检查的方法是观察光泽和硬度。

（1）干燥的坑壁：色泽有些改变，但表面触摸不再掉土。

（2）木纹痕迹：无色泽变化，未保护的部分已经开始出现粉化模糊现象，而保护的部分仍然完好，触摸结实。

（3）水渠遗迹上的试验块：颜色发暗，并有轻微结膜现象。

（4）潮湿漆绘木马的痕迹：色泽无变化，触摸硬，效果需要继续观察。

（5）8 号坑潮湿土坑壁：固结的部分触摸不再掉土。

三　小结

经过观察和检验，发现加固过的部位颜色多数没有改变，具有好的表面强度，触摸不再出现掉土现象，如坑壁上的木纹痕迹，经过加固后非常清晰，而未加固的部分经过一段时间已经开始掉粉、模糊，见图版 6。

潮湿部位的试验也证明这种材料有加固效果。

颜色发暗是试验中需要注意的问题，阳陵遗址虽然有遮阳棚，但是空气流通快，试验时温度高，因此使用丁酮做分散剂已经不太适用，如果使用高沸点的分散剂，就不会出现这些问题。

第三节　半坡遗址的试用

半坡遗址的试验共进行了两次，一次为 2000 年 12 月，一次为 2001 年 4 月中旬。

一　第一次试验

一次试验的试验块较多，分为室内和室外的实验区，使用的材料是 2% 的 31J。

室内的试验块共有三个，分别是：

（1）保留的关键柱南壁的南半部和上表面东南 1/4 部分：共有面积约 1.5m²。上部吸收加固剂缓慢。侧面接近 1m² 的面积，共使用加固剂 15L，而且吸收很快。

（2）残留的探方壁侧面：该部分表面有白色盐类结晶（可能是采用水玻璃加固导致的）。试验的目的是看盐类对该类加固剂是否有影响。试验面积为 60cm × 80cm。加固过程中土体吸收加固剂很快。

（3）踩踏的原始表面：面积为 30cm × 50cm。使用加固剂 1.5L。由于吸收很慢，因此采用塑料布封盖。

室外是在发掘残留的探方壁上使用，共选择试验块 3 个，面积接近 $1m^2$。处理过程中土体吸收加固剂很快。

以上试验由于加固剂吸收快，除踩踏面外都没有封盖。

经过两个月后，对试验情况进行了观察，发现部分位置有颜色加深现象，如保留的地层柱上表面的东南 1/4 部分，这部分为上表面，由于人的踩踏比较密实，渗透时就比较困难，另外还与没有封盖有很大关系。

二 第二次试验

地点在遗址东部展示用复原的茅草棚的西部坑壁上，面积为 $70cm \times 70cm$，采用 2% 的 31J，使用量为 10L，施用时间为 40 分钟，材料喷施完成后用塑料布封盖，后期观察发现颜色略深，但表面强度提高并具有耐水性。

第四节 北京法源寺钟鼓楼的应用

北京法源寺位于北京市宣武区牛街，历史悠久。2002 年进行了大面积维修，在对钟楼、鼓楼进行维修时发现这两个建筑的墙壁有部分是用土坯修筑的土坯墙，根据推断年代比较久远，因此决定对其进行保护。

修复工作中拟定的方法是将土坯墙原地保留，然后在外面挂麻、上麻灰。

但是在进行表面粉饰时，发现表面粉化严重，挂灰困难，并担心土墙在粉饰后会出现继续风化，因此决定对该土坯墙进行加固保护处理。

为了对土坯墙进行保护，对其病害进行了初步调查。根据调查发现土坯墙是用混有石块、沙砾的黏土夯筑而成，每层的厚度约 7~9 厘米，每层中间用粗石灰。这些土坯墙已出现风化现象，所有的土坯表面都有掉粉现象，触摸后手上有土。某些部位风化非常严重，如钟楼土坯墙底部靠近墙裙的地方，墙体表面因为脱落已呈凹槽状，其表面呈粉状，触摸即大量掉土。由于土坯墙的制作材料粗糙，制作工艺简单，加之环境条件差，寺院内排水不畅，常年的地下水沿墙体上渗，造成靠近墙裙的部分酥粉脱落。室内又封闭较严，空气湿度高，导致内表面的墙体表面粉化。

为了有效地保护这些残存的文物，需要对其疏松的表面进行加固处理，提高土坯强度，控制风化的发展。法源寺土坯墙的风化，与其他各处土遗址的风化相似。但是其表面非常疏松，采用水性的材料容易导致更严重的脱落。

在保护工作的起始，对拟采用的保护材料进行了试用。用 BU 非水分散体材料对试验块进行喷洒，使表面浸透，在彻底固化后，观察表面情况，发现表面色泽变化不大、不再出现粉化现象。采用先上麻、后挂灰的方法进行墙体修饰，灰泥层与底部的结合紧密。说明采用 BU 材料对土坯墙进行保护是合适的。

在初步试验的基础上，决定采用 BU 材料对这几段土坯墙进行加固保护，具体使用的材料是 31J 加固剂。

需要保护的土坯墙面积约 30 平方米。在实验室内制备了相应量的加固剂原液，并配合适当的溶剂。将材料运送到现场，在现场稀释然后施用。材料的施用是采用聚酯瓶开小口缓慢喷洒，只要土坯吸收，就不断喷洒材料，直到材料吸收缓慢为止。

钟楼的风化面积约 $20m^2$，采用 1.5% 的 31J 加固剂。总共用加固剂 80L，平均约 $4L/m^2$。

鼓楼的风化面积约 $12m^2$，采用 1.2% 的 31J 加固剂。总共用加固剂 70L，平均约 $6L/m^2$。

在施工完成后，对风化比较严重的部位采用 1.5% 的 31J 加固剂进行补充处理。

经过 3 天溶剂挥发和固化，发现被加固的土坯墙表面得到很好的固结。触摸不再出现掉粉现象，手指也不再能粘下泥土的颗粒。外观上除钟楼风化严重的部位色泽变深外，其他部位看不出变化。

由于处理后的墙体具有一定的憎水性，因此在墙体表面进行抹灰泥处理时，需要先在表面喷洒一些稀释的乳液，或采用稀释的乳液搅拌灰泥，使灰泥与加固过的土墙表面有好的结合强度[①]。

处理过的墙体采用挂麻的措施，然后进行了抹灰处理，效果很好。

第五节 大葆台汉墓墓道保护的初步试验

一 遗址的概况和病害

大葆台一号和二号汉墓，位于北京西南郊郭公庄西南隅。1974 年 8 月和 1975 年 3 月进行了两次发掘。然后以一号墓为展示对象在原地建立了博物馆。其中殉葬的车马位于南墓道的北半部，殉葬的 3 辆车及 13 匹马保存较完整。埋葬车马的墓道长 16.7 米、宽 4.25 米、高 3.7 米。殉葬的三辆车，呈南北向排列，车辕一律向南。车的编号也从南至北，依次为一至三号。车因早期墓道顶坍塌封顶土砸压，有点变形，位置有所错动。其中一号车的车厢、三号车的东侧车轮及车厢已砸垮扭坏。

为了保护的目的，车马坑遗址目前用有机玻璃顶棚防护。20 世纪 80 年代初曾有地下水位偏高的问题存在，为此进行过多次治水工作，如在车马坑底部构筑拱券，在车马坑的底部灌注防水灌浆材料。近年由于地下水位下降，水患问题已不严重，但是由于环境因素的作用，遗址的病害已经出现，表现为漆皮的脱落褪色，马骨的碎裂，土体部分的病害表现为沿墓道走向出现开裂，表面颜色改变呈灰色，部分表面还有盐碱出现，表层泛白，很多部位的土体出现风化酥碱现象。为了保护车马坑中的文物遗迹，该博物馆希望能提出合理的保护方案。为此，对车马坑土构部分的病害进行了考察，认为需要

① 周双林，胡东波，杨宪伟：非水分散体加固剂在法源寺维修中的应用。《北京文博》，2003 年 7 月

进行保护，并对保护材料与方法进行了选择。

二　加固剂的选择试验

1. 标准土样的制备

土样采自车马坑附近，为发掘探方时所取出的土，该土样土质接近砂土。为了了解遗址内土的孔隙率，在遗址内的地面部分取土，经过检验孔隙率为37.8%，较文献记载黄土的一般孔隙率偏低，可能表面的部分曾被夯实，车马坑内的其他土应该较此为松。

将土块粉碎，然后过筛去掉大颗粒，为了使沙土便于成型，喷水调匀后密封一段时间，保持湿度一致，结果测定含水量为8.03%。用北京工具厂生产的制抗压试模将土样压成 Φ50mm × 100mm 的圆柱形土样。为模拟车马坑土的孔隙率，将土样压制为湿重为250克、270克、290克、310克、320克的土柱。其中250克与270克土柱在压制过程中可看出过于疏松，320克过于紧密，均不符合试验要求。以浮称法测定290克土柱的平均孔隙率为45.66%，310克土柱为42.99%。考虑土样孔隙率与机器的压制能力，在后面的实验中均采用310克湿重压制，然后干燥的土柱做为试样。

2. 拟试用的加固剂

根据当时土遗址防风化保护的研究，选择如下材料做加固的待选材料：

（1）TEOS：正硅酸乙酯，$(C_2H_5O)_4Si$，北京益利精细化学品有限公司生产

（2）Remmers 300：Remmers 公司的石质加固保护材料，简称 R300

（3）BU—TD：以天津大学的3504乳液为原料制备的非水分散乳液

（4）BU—21J：以北京东方化工厂生产的BC—2021乳液为原料制备的非水分散材料

（5）BU—251M：以北京化工七厂生产的BC—251M硅丙乳液为原料制备的非水分散材料

各材料的使用配比为：

A. TEOS（正硅酸乙酯）：乙醇 = 1:1（体积比）

B. R300/乙醇 = 3/7（体积比）

C. BU—TD 的丁酮分散体，包括：

　　C1 1% C2 1.5% C3 2%

D. BU—21Jd 的 2% 丁酮分散体（B 型材料）

E. BU—251M 的丁酮分散体（二代材料），包括：

　　E1 1% E2 0.8% E3 0.6%

为在以上各加固剂中找到合适的加固剂，以 310 土柱测试各加固剂渗透速度，根据结果，选用了 TEOS：C_2H_5OH = 1:1，R300：C_2H_5OH =1:1，TD（1.5%）和 21D 这 4 种加固剂进行加固实验。

三 加固剂加固效果的检验

加固的对象为湿重 310 克干燥的土样。将加固剂采用滴管从上部滴注，直至渗透土柱为止。然后将土样封闭保存，在 TEOS：C_2H_5OH，300E：C_2H_5OH 两种材料固化的过程中保持湿度高于 60%。一个月后进行加固效果检验。

1. 重量变化

称出土柱加固前与加固后的重量变化。单次处理增重小，可尽量小地堵塞孔隙，并有利于可多次处理。

表 6—2　土样加固后的重量变化

a. TEOS

编号	干重/g	固化后重/g	重量增加值/g	增重比例/%
5	284.0	288.6	4.6	1.62
7	283.9	288.9	5.0	1.76
12	286.1	289.6	3.5	1.22
13	284.9	289.5	4.6	1.61
平均值				1.54

b. R300

编号	干重/g	固化后重/g	重量增加值/g	增重比例/%
6	284.9	288.2	3.2	1.16
7	284.1	288.4	4.3	1.51
8	284.7	288.1	3.4	1.19
11	284.5	288.2	3.7	1.30
平均值				1.35

c. TD

编号	干重/g	固化后重/g	重量增加值/g	增重比例/%
6	283.0	283.9	0.9	0.32
7	283.2	284.3	1.1	0.39
12	283.5	284.4	0.9	0.32
13	283.1	284.1	1.0	0.35
14	283.6	284.4	0.8	0.28
平均值				0.33

d. 21d

编号	干重/g	固化后重/g	重量增加值/g	增重比例/%
2	284.4	285.8	1.4	0.49
3	283.4	284.8	1.4	0.49
5	282.5	284.1	1.6	0.57
6	283.0	284.5	1.5	0.53
7	284.0	285.6	1.6	0.56
平均值				0.33

在经四种材料加固后，TEOS 与 R300 组的土平均增重 1% 以上，21d 与 Td 组平均增重不到 1%。

2. 色差变化

加固剂处理要求尽量不改变文物的颜色。试验中以测色色差计测量土样加固前后的颜色变化，仪器为北京光学仪器厂生产的 TC—1 测色色差仪。结果可得出三刺激值（x, y, z），试样明度 L。x、y、z 代表 CIE1964 表色系统中的 x_{10}、y_{10}、z_{10}。

L 是 1976 年 CIE 推荐表色系统中的指标，代表试样的明度。结果见表 6—3.

表 6—3　土样加固后的颜色变化

	x	y	z	L
空白组	15.79	17.37	11.08	48.71
21d 组	10.04	11.88	7.68	40.86
Td 组	12.41	9.63	5.59	36.76
R300 组	13.02	13.12	8.56	42.83
TEOS 组	12.84	12.83	7.78	42.44

由表 6—3 的 x、y、z 三刺激值的比较可见，色差变化从小到大的顺序为：

R300，TEOS，21d，Td

加固后虽然都有一定的颜色偏差，但在感官上都可以接受。

3. 孔隙率变化

前文已提及空白组的孔隙率为 42.99%，在 4 组加固过的样品中各挑选 3 个土样以浮称法测定孔隙率，结果如下：

21d：41.56%　Td：41.99%　300：41.10%　TEOS：41.47%

孔隙率变化值从大到小依次为：

R300：1.89%　TEOS：1.52%　21d：1.43%　Td：1.00%

4. 抗压强度变化

该实验的目的在于检测土样加固前后抗压强度的变化，仪器为南京土壤仪器厂生产的 DW—1 型电动应变试无侧限压缩仪。结果见表6—4。

由抗压强度结果可见，Td 与 21d 组的抗压强度均为空白组的一倍以上，300E 组的抗压强度也比空白组有一定的提高，TEOS 组的抗压强度反而比空白组有所降低，可能是乙醇进入土体后对土体结构有改变，也可能是由于土体具有碱性，不利于正硅酸乙酯的水解固化。

表6—4　　土样加固后的抗压强度

编号	抗压强度/MPa				
	空白	TEOS	R300	Td	21d
1	0.241	0.234	0.364	0.576	0.501
2	0.271	0.206	0.350	0.495	0.492
3	0.243	0.237	0.335	0.560	0.490
平均	0.252	0.226	0.350	0.543	0.495

5. 耐水能力

把4组土样放入盛有水的槽中完全浸泡，观察记录试样在水中的变化，如脱落、开裂、崩解等情况及发生的时间。

R300：11 号样与 7 号样在 4 小时后顶部略有崩解，14 天后仍保持该状态，4 号和 9 号在 2 小时内有大面积崩解。考虑实际操作中滴注环境情况劣于室内条件，故应以较差的两个情况作为普遍情况考虑。

TEOS：4 个试样的情况相近，入水后即出现脱落、开裂的现象。4 小时后顶部以下至 1/3 处大量崩塌。16 小时至 24 小时后几乎全部崩解，仅残下部 3cm 左右的锥状土柱。

21d：14 天内无变化

Td：14 天内无变化

综上，各种材料耐水能力的试验结果为：21d 组与 Td 组的耐水能力很好，R300 较为一般，TEOS 则较差。

6. 耐冻融能力

冻融实验的目的是检验加固剂处理土样的耐冻能力，本实验采用整体潮湿的冻融试验，方法参照公路工程石料试验规程中的抗冻性试验（T0211—94）方法。在试验中只记录样品形状变化情况。

将处理过的土样放在盛水（水温在 20°C 左右）的容器中，土样浸入水中 4 小时后取出。擦去多余水分，将饱水土样置于 -25°C 的低温冰箱中冷冻 4 小时后取出，此为一个循环。然后再放回 20°C 的水中 4 小时，再次进行冷冻。多次循环并记录。

耐水试验中 4 小时以内有变化的样品不进行耐冻融试验。在耐水实验中 R300 组与 TEOS 组均在 4 小时内发生变化，故冻融实验仅对 21d 组与 Td 组进行，两组各取了 3 个土样参加实验，共进行 10 次循环，结果见表6—5。

表6—5　大葆台土样冻融试验结果

循环次数	Td	21d
1	无变化	无变化
2	无变化	无变化
3	无变化	9 号与 14 号样底部有少许脱落
4	无变化	14 号样底部有较大程度发酥
5	无变化	1、9、14 号样均有新裂纹出现
6	无变化	1、9、14 号样底部均有约 1cm 厚的发酥层，14 号样酥有崩坏
7	无变化	比第 6 循环无变化
8	无变化	3 个样酥层都有加厚，9 号样酥层部分崩坏
9	无变化	9 号样侧面有新开裂，1 号与 14 号样均有新崩坏
10	无变化	三个样全段可以感觉到轻微发酥，都有新崩坏产生

21d 中最差的 14 号样仅耐住了 2 循环的冻融，最好的 1 号样也在第 5 循环开始发生变化。Td 三个样都经受住 10 个循环的冻融实验。

7. 耐盐析能力

这个试验是检验土样在含盐水分作用下的稳定性。实验方法是将处理过的土样放入盛 5% 硫酸钠的水槽中完全浸泡，4 小时后取出烘干，此为一循环。观察记录试样在循环过程中的变化，如脱落、开裂、崩解等情况及发生的时间。

表 6—6　大葆台土样耐盐试验

循环次数	Td 组	21d 组
1	无变化	轻微掉土
2	无变化	底部微胀，微酥，有细微裂纹
3	轻微掉土	底部发胀程度有所增加
4	与 3 循环比无变化	底部胀开，有少量脱落
5	与 3 循环比无变化	脱落继续增加

R300：三个试样中，2 号和 12 号在 20 分钟之后中段胀开，3 小时后三个试样下半部分全部崩解，上半部分完好。

TEOS：三个试样中，11 号在 20 分钟后中段微胀，3 小时后 9 号和 11 号中段有部分崩解，14 号中段微胀。4 小时后均有近半的损坏。

因此 R300 与 TEOS 不参与盐析实验。在 Td 与 21d 中各取一土样参加实验。共进行 5 组循环。结果见表 6—6。

四　总结

在对四种材料的性能进行检验后，可以对它们在大葆台土样的应用效果做出如下结论：

1. TEOS 在各试验中表现都不好（除色差外），不适合加固要求。

2. R300 除在色差试验中最优秀外，其他各组试验都仅仅是勉强达到要求（耐盐析除外），在实际运用中还要考虑到其他不确定的因素，所以建议不使用。

3. 21d 与 Td 的表现都相当不错，都是可以使用的。21d 在冻融试验和耐盐析试验中均逊于 Td，但色差方面强于 Td。Td 的弱点在于在渗透过程中容易造成土体表面的细小裂缝，这种现象可能是加固剂中的水分未清除干净，虽然在重塑土样时会出现，但是在遗址的应用中不会出现。

最后结论是：在以上所检验材料中 21d，Td 是适合大葆台汉墓车马坑土遗址保护的材料。材料在遗址的局部进行了试验，效果良好。

第六节　在辽宁朝阳牛河梁红山文化遗址的试用[①]

牛河梁红山文化遗址位于辽宁省西部的凌源、建平两市县的交界处，处于的半山地半丘陵地带。土层厚 0.3 ~ 1.5 米，其中沟壑纵横，水土流失严重。牛河梁因位处牤牛河源山梁东侧而得名。

牛河梁红山文化遗址是 1981 年发现的。经过十多年的考古调查与发掘，在该地区先后发现了属于红山文化类型遗址地点二十多处，因为有较高的历史、文化和艺术价值，被列为全国重点文物保护单位。其中 2 号地点是保存最完整、规模最大、最具有代表性的遗址区。20 世纪 80 年代中期考古发掘后，由于长期暴露，遗址区的墓圹、积石、石棺等遭到了严重的损害。另外破坏

---

① 牛河梁土体部分加固剂保护试验由黄克忠先生指导，中国文物研究所胡原、王雪莹，辽宁省文物考古研究所李东等共同完成。

严重的是墓坑壁及考古发掘后留下的土梁壁。这些土壁在长年的风吹、日晒、雨淋及其他物理因素的影响下不断剥落、坍塌，破坏了出土时的形制，给日后的研究和展示造成了很大影响，采取适当的保护措施已迫在眉睫。按照初步规划论证的意见，要将2号地点露天展示，不做保护性的建筑，因此保护任务主要为采用适当的化学材料和工艺进行粘结、加固及防风化处理，使遗址得以长期保存。

为了检验所选材料在该地区的保护性能，2001年7月至10月开始对2号地点进行第一期保护加固试验。试验中对土样、岩样做了分析，但没有选出合适的土体加固材料。根据对牛河梁原地土样的室内与室外试验，水溶性的材料不宜用于该地区，为寻找合适的加固材料，于2002年2月初开始了第二期试验。包括室内材料筛选和现场试验两部分[①]。

一　室内试验

试验的目的是根据土石分析结果及初次试验结果更具针对性地探索土体加固材料和保护工艺。土的保护是牛河梁遗址保护的关键，因此将它列为室内试验的重点，现加以详述。

1. 样品制备

（1）压制土样

为了试验的准确性，压制前对原状土的物理化学性能进行测试，力求土柱在自然干燥后的各项性能指标与遗址原状土接近。所压制土样情况如下：

a. 取土：取牛河梁遗址二号地点附近原状土15千克。将土碾碎过筛，剔除碎石，喷水使具有团聚能力并控制湿度，本次试验用土的含水量为11%。

b. 压制标准土样：用制抗压试模将含水量为11%的土压成

① 周双林，王雪莹等：辽宁牛河梁红山文化遗址土体加固保护材料的筛选，《岩土工程学报》，2005，5，Vol. 27（5）：第567~570页。

Φ50mm×100mm 的圆柱状土样，控制每个土柱的湿重为 300 ±1 克。

　　c. 土柱自然风干。

　　（2）加固材料与浓度

　　为筛选出适合于牛河梁遗址的保护材料，在试验中根据国内外土遗址防风化加固保护的新进展，挑选了 4 种最有可能使用的材料作为筛选对象。

　　a. TEOS——主剂为正硅酸乙酯，使用浓度 50%，即与酒精配比为 1:1，并加入少量浓盐酸。

　　b. BU—31J——丙烯酸树脂非水分散加固剂，使用浓度 2%。

　　c. BU—251M——硅丙树脂非水分散体加固剂，使用浓度 1%。

　　d. Remmers500E——Remmers 公司提供的石质保护材料简称 500E，使用浓度 50%，与酒精配比为 1:1。

　　（3）土样加固

　　将土样分为 5 组，其中 1 组作为空白样，其余 4 组每组 10 个用 4 种保护材料加固，加固剂以滴注的方式使用。为了检测保护材料的渗透速度和用量，记录单位时间内的渗透高度和完全渗透土样所需材料的体积。最后将完全渗透的土样半封闭于塑料袋中，使溶剂慢慢挥发，土柱逐渐固化干燥。

　　2. 加固效果检验

　　为了检验各种加固剂对土样的保护效果，室内试验中设计了 8 项指标的测试，为现场试验及最终确定适合于牛河梁遗址的保护材料奠定基础。

　　（1）渗透速度

　　将土柱置于表面皿中，用加固剂用滴管从上表面连续滴注，定时记录渗透深度，结果见表 6—7、图 6—1。

　　（2）重量变化

测加固剂处理后土样的重量变化，计算出平均增重百分比，结果见表6—8。

（3）颜色变化

加固剂处理要求尽量不改变文物的颜色。试验中用TC—PⅡG全自动测色色差计测量土样加固前后的颜色变化。各个样品的色差数据结果见表6—9，图6—2（每个样品测6个点，然后平均）。

表6—7　加固剂的渗透深度

时间 t（min）	渗透深度/mm				
	31J—2% 28JHJ	31J—1.5% 14JHJ	251M 9JHJ	TOES 25JHJ	500E 1JHJ
0	0	0	0	0	0
5	20	25	23	16	6
10	28	31	30	24	9
15	33	38	34	28	9
20	35	43	39	35	15
25	37	48.5	41	40	
30	40.5	52	43	43.5	
35	44	57	46	48	
40	45	59	47	49	
45	45	63	48	51	
50	45	67		55	
55		71		58	
60		75		60	
69				74	

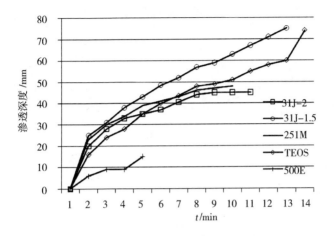

图6—1　各种加固剂的渗透速度

表6—8　处理前后土柱的重量变化

样品	TEOS			31J—2%			251M			500E
编号	5JHJ	6JHJ	16JHJ	27JHJ	22JHJ	13JHJ	11JHJ	2JHJ	20JHJ	41JHJ
原重/g	271.1	272.7	271.3	270.5	271.6	275.1	270.5	272.0	271.9	271.5
加固后重/g	311.5	310.3	310.4	273.7	274.7	278.5	270.5	272.5	272.5	326.6
差值/g	40.4	37.6	39.1	3.2	3.1	3.4	0.0	0.5	0.6	55.1
增重/%	14.9	13.8	14.4	1.2	1.1	1.2	0.0	0.2	0.2	20.3
		14.37			1.17			0.13		20.3

表6—9 土样加固后各项色差数据变化值

	色差				
	x	y	z	YI	DYI
空白	10.2	8.86	2.38	122.43	123.04
31J—2%	10.15	8.03	3.24	118.22	118.83
251—1%	10.26	7.99	3.13	122.14	122.75
TEOS	9.30	6.79	1.78	149.61	150.22
500E	6.62	3.94	0.00	224.32	224.93

（4）抗压强度

对加固剂处理过的土样用压力试验机进行抗压测试。抗压强度单位为MPa（千帕），结果见表6—10。

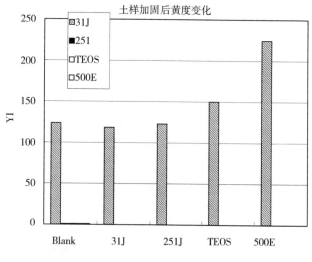

图6—2 土样加固后黄度变化

（5）孔隙率

根据 ISO5017：1998（E）测量孔隙率的方法。称量土样在空气中的重量（W_1），然后将土样放入装有煤油的真空干燥器里，使土样浸入煤油中，抽真空至 -0.095Mpa。在油中称土样的重量（W_2）。再将土样迅速取出，擦掉多余的煤油，称量土样饱和煤油的重量（W_3）。土样的孔隙率计算公式如下：

孔隙率（n）＝（$W_3 - W_1$）／（$W_3 - W_2$）

根据公式计算的土柱孔隙率变化情况见表 6—11。

表6—10　土样加固前后抗压强度

土样	土样号码	土样高度 mm	位移 mm	抗压强度/MPa	
				单个	平均
空白	30	95	4.62	0.705	
	31	95	4.32	0.659	0.655
	34	95	3.94	0.601	
31J—2%	27	92	7.60	1.159	
	13	95	6.47	0.987	1.058
	22	95	6.74	1.028	
251—1%	22	95	4.62	0.705	
	20	95	3.20	未测	0.711
	21	95	5.48	0.836	
TEOS	15	95	3.35	0.511	
	16	95	3.63	0.554	0.526
	6	95	3.36	0.513	
500E*	51	98	1.80	0.275	
	43	98	1.87	0.285	0.270
	53	98	1.64	0.250	

＊——500E 由于渗透不好，改用另外一种空白土柱，不可与前三组对比

表6—11（1）　空白土样孔隙率

		干重（W_1）	油中重（W_2）	饱油重（W_3）	孔隙率/%	均值
空白	1	42.9	30.4	52.1	41.4	42.0
	2	46.5	32.4	57.2	43.1	
	3	61.6	42.9	75.3	42.3	
	4	79.2	55.8	96.5	42.5	
	5	108.5	76.0	130.6	40.5	

表6—11（2）　加固材料加固后的孔隙率

样品		干重（W_1）	油中重（W_2）	饱油重（W_3）	孔隙率/%	均值
251M	1	86.10	59.60	103.20	39.22	41.14
	2	89.80	66.40	109.40	45.58	
	3	57.40	39.60	68.60	38.62	
TEOS	1	96.40	64.70	114.10	35.83	36.70
	2	107.40	73.50	127.10	36.75	
	3	114.30	78.50	135.80	37.52	
500E	1	57.80	38.60	68.40	35.57	28.78
	2	78.30	47.60	84.20	16.12	
	3	116.50	78.00	136.90	34.63	
31J—2%	1	136.90	94.50	164.90	39.77	39.28
	2	117.80	81.50	140.50	38.47	
	3	113.80	78.70	136.80	39.59	

（6）耐水试验

将加固剂处理过的土样放入盛有水的容器中，观察记录试样在水中的变化情况及发生的时间。

将加固剂加固过的样品放入水槽，经过32天的观察，4种加固剂加固的样品均保持完整，耐水性均都良好。

（7）冻融试验

　　冻融试验的目的是检验加固处理土样的耐冻能力。整体潮湿的冻融试验方法参照公路工程石料试验规程中的抗冻性试验（T0211—94）方法。在试验中只记录样品形状变化情况。

　　将处理过的土样放在盛水（水温在20℃）的容器中，土样浸入水中4小时后取出。擦去多余水分，将饱水土样置于−25℃的低温冰箱中冷冻4小时后取出，此为一个循环。然后再放回20℃的水中4小时，再次进行冷冻。多次循环并记录，见表6—12。

表6—12　各种加固剂加固土样的耐冻融试验结果

样品		251M	31J	500E	TEOS
冻融循环	第一次	无变化	同左	微掉土	出现裂纹
	第二次	无变化	同左	微掉土	出现裂隙
	第三次	无变化	同左	微掉土	沿裂隙处外部局部脱落，后从中间断开约余上端10mm和下端15mm
	第四次	无变化	同左	微掉土	
	第五次	无变化	同左	掉小颗粒土	
	第六次	无变化	同左	掉小颗粒土，底部部分脱落	
	第七次	无变化	同左	下部开裂，距底部1/3处断开（余下2/3柱继续下个循环）	
	第八次	无变化	同左	掉小颗粒土	
	第九次	无变化	同左	掉小颗粒土	
	第十次	无变化	同左	掉小颗粒土	
样品完残情况		完整	完整	部分损坏	

　　（8）安定性试验

　　试验方法参照工程石料试验规程中的坚固性试验（T0212—94）方法。

表6—13　　各种加固剂加固土样的安定性试验结果

样品			251M	31J	500E	TEOS
安定性循环	第一次	浸泡	无变化	无变化	微掉土	微胀
		烘干后	无变化	无变化	底部盐析（霜状）且出现小裂纹	通体大部盐析（斑状），底部多有纵横裂纹
	第二次	浸泡	无变化	无变化	掉土	上端1/3处出现开裂，有小块脱落
		烘干后	柱棱上有少量盐析出	无变化	中下部盐析（霜状）	通体盐析（斑状），开裂
	第三次	浸泡	上表面有小块胀起，底部小块脱落	无变化	掉土	膨胀，掉土
		烘干后	底部有2cm开裂	出现小裂纹	下部盐析（霜状）掉小颗粒土	通体盐析（斑状），开裂，掉小颗粒土
	第四次	浸泡	底部有小块脱落	无变化	掉土	胀裂，小块脱落
		烘干后	无变化	无变化	无变化	通体盐析（斑状），掉小颗粒土
	第五次	浸泡	上表面胀开，底部小块脱落	下部胀裂、底棱边处小块脱落	掉土	放入溶液后坍塌，余1/4柱
		烘干后	上部盐析，上表层起甲，底部胀裂	上部盐析，底部胀裂	掉小颗粒土	
	第六次	浸泡	上表层起甲脱落，底部小块脱落	基本无变化	无变化	
		烘干后	底部部分坍塌，顶部有小裂痕	底部膨胀，小部分坍塌	底部微膨胀	
样品完残情况			局部残	局部残	完整，底部有小裂纹	

试验方法：配制 5％的硫酸钠溶液。土样先在上述溶液中浸泡 4 小时，然后取出拭去多余溶液，置于 100°C 的烘箱中烘干 4 小时，此为一个循环。然后再次浸泡、烘干。多次循环并记录样品形状变化，结果见表 6—13。

3. 室内试验结论

以上的室内试验结果显示，31J、251M、500E 三种材料加固能力强。31J、251M 基本不会引起颜色变化，在耐水、耐冻融、安定性等各方面的性能良好，而且实地应用方便，可以满足牛河梁遗址保护的需要；500E 在加固效果方面与 31J、251M 差别不大，但是渗透比较困难，另外处理后颜色变化很大，使用的可能性不大。

二　现场试验

为了确保所用土遗址保护材料的有效性和保护的针对性，2002 年 4 月中旬进行了现场保护试验。

1. 材料

根据牛河梁遗址病害种类和损坏状况，选择以下材料用于现场土体加固和土体裂隙灌浆。

（1）BU—31J——丙烯酸树脂非水分散加固剂。

（2）BU—251——硅丙树脂非水分散体加固剂。

（3）BU—RC——硅丙树脂非水分散体加固剂。

（4）Remmers 300——Remmers 公司提供的石质保护材料简称 R300。此材料是以弹性硅酸乙酯为基本原料，固含量大于 40％，透明，略带黄色，凝胶体的沉积量约 300g/L。R300 与气孔或湿气的水发生反应，反应期间，与软段连接的无定型的含水的硅酸沉积为黏合剂。没有有害的副产品产生，耐气候老化性好，紫外线照射稳定性好。

（5）Remmers500E——Remmers 公司提供的石质保护材料。此材料是一种弹性硅酸乙酯与悬浮纯矿物颗粒相混合的加固材料，具有很高的凝胶沉积率。固含量大于 70％，透明，微黄，凝胶体的沉积量约 500g/L。500E 与气孔或湿气的水发生反应，反应期间，与软段连接的无定型的含水的硅酸沉积为黏合剂，起到了连接软弱部分与基层的作用。没有有害的副产品产生，耐气候老化性好，在大气中的酸性污染物质环境下稳定，紫外线照射稳定性好。

（6）PS——敦煌研究院研制的高模数硅酸盐加固剂，用水稀释 3～4 倍后使用，通常要添加 1% 左右的氟硅酸镁，该材料已应用于西部土遗址的加固保护。

2. 试验区及试验方法

因为试验结果可能要进行有损检测，试验必须选在既具代表性又无损整个遗址的区域进行。综合整个遗址的病害类型、试验项目和遗址的面貌，选择以下四个区域作为试验区。

（1）土隔梁

土隔梁位于第二地点 2 号冢中心墓南，是考古发掘时留下的一段土体。这个隔梁主体为土，适合做土体渗透加固和土体裂隙灌浆试验。

（2）M9 墓

M9 墓是一座石板围砌的单人墓，周围石板的种类和病害都具有代表性，可以用于石材的粘接和裂隙灌浆试验；土体适合用于土的渗透加固试验。

（3）2001 年发掘区

2001 年发掘区位于 2 号地点的最东部，其土质与 2 号冢周围的土质基本相同，探方隔梁土可以用来做损坏试验，所以选来用于试验各种土体渗透加固材料在现场的渗透速度和渗透深度试验。

3. 土体渗透加固

（1）加固剂配制

BU—31J——以丁酮作为溶剂将原液稀释，根据原液的固体含量，配置固体含量为 2% 的 31J 材料。

BU—251M——溶剂与制备方法同上，浓度为0.8%。

BU—RC——溶剂与制备方法同上，浓度为1%。

R300：以酒精为溶剂将材料的原液稀释。酒精：原液＝1:1。

500E：同上。

PS：以水为溶剂将材料的原液稀释。水：原液＝3:1。

（2）施工工艺

因为土体的加固在牛河梁遗址的保护中占有最为重要的地位，在试验中所选用的材料也最多。31J、251M、RC用盖上钻孔的聚酯瓶（密闭性良好）盛药液喷灌于试验区；300E、500E用洗耳球或洗瓶（鸭嘴瓶）盛药液滴淋于试验区；PS用压力喷壶盛药液喷灌于试验区。

药液渗透明显减慢或停止渗透时即可认为渗透完成。其中300E、500E需要分两次渗透，时间间隔为40分钟。

BU—31J——试验浓度为2%，面积为50cm×50cm，共两块，一块在隔梁上部，一块在隔梁侧面，使用加固剂量均为7L，材料使用完成后即停止施工。

BU—251M——试验浓度为1.5%，面积为50cm×50cm，在隔梁侧面，使用加固剂量均为5L，材料使用完成后即停止施工。

BU—RC——试验浓度为1.5%，面积为50cm×50cm，在隔梁侧面，使用加固剂量均为5L，材料使用完成后即停止施工。

溶剂挥发的速度直接影响加固材料的固结效果，在实地试用时风速很高，约为四级风，影响了效果，为了减小挥发太快的不利影响，需对试验区域加以封盖。现场试验用塑料薄膜周围压上土、石块进行封盖。

4. 土体裂隙灌浆

暴露的土体在物理、化学、生物等因素的影响下，表面布满了大小不等的裂痕，且部分表面成壳与内部土体分离。为了解决上述问题，要对土体的裂隙进行灌浆加固。在牛河梁遗址裂隙治理试验中使用了BU材料调和的灌浆材料。

（1）灌浆材料制备

采用8%左右的BU—RC分散体加固剂为粘接材料，将粉碎的本地土与加固剂混合，形成混合体，即可使用。配比为100mL加固剂加入30~40g土粉，然后搅拌均匀，即可使用。

（2）施工工艺

在往裂隙灌浆之前，应先选择高处的裂隙做灌浆孔，为了防止灌浆材料外溢，需对低处的裂隙用软泥进行封闭。裂隙封闭后，即可进行灌浆。

灌浆可直接用去掉针头的注射器或洗耳球进行。

5. 现场试验的初步结果

BU材料现场加固的部分3天后打开发现已经基本固化，具有很好的固结能力。但是色泽有些变化，原因是试验时风速太大，溶剂挥发太快。为了解决这个问题，建议选择无风、偏低温的天气施工，也可使用沸点更高的分散剂。

BU材料调配的灌浆材料，经对土块的粘接试验，发现粘接力高，颜色变化小，在隔梁上的使用效果还需要在以后的现场检验中观察。

6. 长期试验结果

在试验结束6年后，进行了现场检验和取样分析。

（1）外观变化

通过对各个试验块的外观观察，发现如下现象：

表面颜色的变化：经过观察，试验块和周围的土体颜色没有大的差别，难以区分。

表面的侵蚀情况：根据对试验隔梁的观察，加固的试验块和未加固的部分，侵蚀情况差异很大。加固的部位侵蚀少，只有表面出现局部的破坏，未加固的部位被侵蚀接近10厘米。

3个试验块中，251M的试验块状况最好，31J的试验块次之，效果最坏的是TEOS的试验块。

（2）耐水能力

从试验块上分别取得空白样品，31J 加固的土样，251M 加固的土样，进行浸泡试验。

试验中发现空白样品很快崩散，而其他 2 个样品在水中稳定，浸泡 30 天也没有变化，而且有一定的强度。

根据以上的检验，说明采用两种材料（31J 和 251M）对牛河梁遗址的土样进行加固，具有好的效果，土体强度提高，耐水能力增强。材料在 6 年的自然环境中经受了自然老化，表明具有强的耐老化能力（见图版 6）。

材料加固的试验块，也有局部的破坏。这是因为材料加固的土仍具有透水性，土体对水分仍然能吸收，这样不会导致土体内外的物理力学性质的差异，试验块的微量破坏是冻融等破坏造成的，这说明化学保护材料的有效使用，也需要有良好的使用环境。

第七节　在青海喇家遗址土体加固中的应用

BU 系列保护材料试验成功后，在一些遗址的保护中得到了应用，如在青海喇家遗址房基的保护中，应用就很成功。

青海省民和县官亭镇的喇家遗址，从上世纪末考古学家开始对此遗址进行发掘，经过若干年艰辛努力工作，初步揭示了遗址的原始概貌，发现了史前灾难遗迹，填补了西北地区这一时期考古学的诸多空白，在考古学界及相关领域有着极其广泛的影响和重要学术地位。目前已经在遗址上修筑了永久性的保护陈列展室，就遗址本身而言，逐步改善和具备了适宜的外部环境，为土质遗迹的保护提供了较为有利的良好条件。在此基础上，相关人员对展示遗迹进行了相应的处理复原保护工作。

被保护处理的房基有 1、4、7、10 号。在对房址病害调查的基础上，对房址进行了复原修复，然后进行了化学加固，试验采用的是 31J 的 B 型材料。

　　在对房址进行加固前，首先选择适宜的加固剂浓度。通过对原土体样品按不同配比进行的试验和检验，2%的浓度适合于房址土体的加固。房址加固时使用普通的农用喷雾器，将配比完成的加固剂喷洒至房址土体上。在墙体顶部的喷洒范围要向外延伸50厘米，以保证加固土体扩展到外围的探方生土上。而在喷洒墙体的立面部分时，需要把握和控制加固剂的喷洒量，让土体立面处于液体饱满状态而得到充分的吸纳，但又不能使液体向下流动，形成一道道的流淌印迹。如果出现此种情况，就改变或破坏了墙体的原本形制状态，也违背了处理与保护土质文物的原则和宗旨。所以，当喷洒的加固液达到一定剂量时，需要间隔数分钟时间，待液态全部渗透于土体之中，再对墙体实施第二遍的喷洒。

　　为了使土体能够得到充分的加固，需要喷洒若干次，所使用的31J型丙烯酸非水分散体加固剂是一种不影响材料再处理的材料，可以在相应规模的土体范围内反复使用，使用这种材料、配合机械手段，使遗址受到了良好的保护。

第八节　在河南安阳殷墟车马坑　　遗址修复中的应用

　　保护材料试验成功后，还在安阳殷墟车马坑遗址保护中得到应用，效果良好。

　　1928～1937年，中央研究院历史语言研究所考古组在殷墟进行了15次发掘，其中有12次都集中在小屯村及附近地区，其最大收获除发现大量甲骨文外，就是在小屯村东北地发现了规模宏大的殷代宫殿宗庙遗址，引起国内外学术界的极大关注。2004年和2005年，为配合殷墟申报世界文化遗产，中国社会科学院考古研究所会同安阳市文物局等单位，对小屯宫殿宗庙区进行了面积达10万平方米的系统勘探，在此基础上中国社会科学院考古研究所安阳队对甲组基址西侧进行了小面积试掘。为了保护需要展示的发掘遗迹，并对其进行了化学加固处理。

遗址的病害有开裂和酥粉现象，其中开裂的原因是土体的收缩开裂，另外一个是卸荷作用。酥粉是土体风化的表现，原因是土体本身酥松、强度低，在气象条件的循环变动中出现破坏。开裂和酥碱这些破坏是华北地区土遗址病害的常见现象。

为了保护遗址，决定采用化学材料进行加固保护。

为了检验材料的可用性和选择适当的材料比例，使用31J的B型材料在夯土块上进行了实验。

选用了两种土质（夯土、灰土），分别制作成相同规格的三种样品，并且分别用不同浓度比例（1%、1.5%、2%）对夯土与灰土的三种样品进行加固渗透试验，以便观察不同组块的渗透厚度、渗透后的强度和土块的颜色变化。

根据多次反复的测试，夯土样品的测试结果表明：因夯土土质结构致密坚硬，少有孔隙，按照上述的三种浓度对土块依次进行滴渗处理加固。

1%比例的加固剂的渗透深度比较理想，效果良好，但因其试剂浓度不足，在完全拒水方面距离土遗址的加固要求还存在差距。1.5%比例的加固剂渗透深度较1%比例者略有不同，但加固厚度完全可以达到设计要求，其强度和拒水能力要优于前者。2%比例的加固剂渗透后，由于浓度偏高，对土质结构致密的夯土之渗透能力有一定的局限性，虽然经过加固的基础之强度表现出比较良好的状态，但渗透厚度难以达到基址的保护要求。

经过若干次样品加固试验及相互综合比较，最后确定1.5%比例的试剂应该是宫殿建筑基址处理保护的最佳首选方案。

灰土样品的测试结果表明：在建筑基址的表面夯层下方（从解剖沟的剖面观察），有不同时期的夯土与夯土之间、夯土与灰土之间互为叠压的情况出现，在解剖沟剖面需要进行加固的面积中，灰土占有了一定比例的份额。灰土的土质结构较为疏散，硬度与夯土相比有明显的区别，而且其中还包含有大量的考古信息遗存。在样品加固的试验中，灰土对加固剂的渗透均具有较强的吸纳能力。通过使用1%、1.5%和2%三种比例的加固剂对灰土样品的试验，发现施以2%比例的试剂浓度的样品在渗透深度、固结强度和外观效果上都能够符合遗址加固的要求。

　　在选定适当的浓度后，对遗迹进行了加固。首先，调配出适合于夯土基址准确比例的加固剂，使用带有喷雾装置的器具对解剖探沟壁上的夯土层位进行喷洒加固。操作时注意事项：需要把探沟内所有属于夯土的部分全部纳入喷洒加固之列，喷洒时间以土质的吸纳渗透能力为标准，从喷洒开始，直到不吸收材料为止，但要注意不可喷洒太快而使加固液体在表面流动。准确把握液体喷洒量的饱寡，在该过程的环节中显得十分的重要。第一遍加固剂的喷洒完成之后，对夯土的剖面之液体吸收情况进行仔细地观察，当液体全部地渗透于夯土内部之时，还需要进行第二遍的加固剂喷洒。

　　依照此种方法，每一区域的夯土基址都需要实施三遍以上的加固，其目的是使探沟剖面之夯土部分能够充分吸纳尽可能多的加固试剂，增加试剂的渗透深度。有相应的加固深度作保证，材料固化后的夯土强度才能得到进一步的加强，同样基址部分也才能长时期地保存下去。

　　然后调制出适合于探沟内灰土的加固试剂，用相似的方法手段和程序对灰土部分进行喷洒加固。灰土的土质结构比较疏散，相对来讲其表层较为容易产生松解和塌陷，但吸纳试剂的能力非常强。为了避免上述情况的发生，试剂加固的次数可适当的增加，使之先形成一定强度的表面，然后再深层加固，确保灰土长时期的安全效能。

　　在所有的深沟剖面试剂加固完成之后，可以对基址的平面展开全方位的加固处理。从宫殿基址的一端作为平面喷洒加固的起始点，有规律性地逐次对基址部分进行试剂喷洒。加固剂量的使用上要保持大体的均衡，但遇到较为特殊的情况也需要区别对待。如基址平面与探沟剖面的连接位置以及被灰坑打破的边角部位，都需要视为关键区域重点地加以保护，可以在该范围内多喷洒加固剂，让加固之后的土强度得到进一步的加强。通过上述不同环节不同程序的系统操作，夯土建筑基址的处理和加固保护工作取得良好效果。

第九节　在河南洛阳天子驾六遗址车马坑修复中的应用

2002 年 10 月，洛阳市建设城市中心广场时发现东周车马坑，2002～2003 年洛阳市文物工作队进行了清理发掘。车马坑属于东周时期，位于东周王城遗址区的东北部。此后又有数座车马坑出土，表明这里应该是东周王城内一个很重要的陵墓区。随后洛阳市在原址建立了"天子驾六"遗址博物馆。

遗址中展示了 2 座车马坑，其中北边的一座，长 42.6 米，宽 7.4 米，规模系国内少见。由于遗址在发掘时产生了一定的破坏，为了文物的完整性，后期对一些遗迹进行了修复补全。

补全中使用的为 31J 非水分散体材料。具体的使用方法是，将与遗址土颜色一致的土干燥处理，然后与稀释到固体含量为 2% 的 31J 材料按照一定比例混合形成修补材料。在需要修补的部位设置模板，然后将材料分层放入并夯打密实，每层厚度约 5 厘米。待材料干燥到一定程度时，再填充第二层，直到高出原始的表面。然后去掉模板，对表面进行处理使与周围的外观一致。经过修复的遗迹部分在干燥后和周围的颜色遗址，难以区分。

第十节　在新疆库木吐喇石窟砂岩保护上的应用

库木吐喇石窟是克孜尔石刻群中重要的石窟,石窟的病害有:壁画脱落,岩体垮塌,砂岩风化等,以岩体的倒塌破坏最为严重,而砂岩的破坏也威胁着石窟的安全。为了对石窟进行保护,进行了不同材料的加固试验,试验时间为2004年夏季,试验的条件是气温高、湿度低。试验试点有谷口区和窟群区,两区选择的砂岩情况不同,其中谷口区选择在洞窟中,岩体为砂岩和砂砾岩混合存在;而窟群区的试验点选择在窟群区的外部,为风化严重、含盐量高的砂岩。

一　试验材料

1. PS 材料

为敦煌研究院开发的土体保护材料,在西北地区的土体加固和砾岩加固中都有好的效果。使用材料模数3.8,浓度28.4%。

2. 氟硅乳液

是一种耐候性良好的聚合物乳液,固体含量约62%。

3. 非水分散材料

（1）原料

聚合物乳液:采用的聚合物乳液有东方化工厂的 BC—4431 乳液和科信化工有限公司的 KX—2002 硅丙乳液（二代）。表面活性剂:季铵盐表面活性剂 NT—d。

（2）制备

BU 材料是丙烯酸树脂非水分散体或有机硅改性丙烯酸树脂非水分散体,在现场制备。

方法:将聚合物乳液用水稀释10倍,表面活性剂用环己烷稀释。将表面活性剂溶液在搅拌下加入聚合物乳液中,聚合物乳液到一定时间出现分离凝聚。将凝聚的聚合物颗粒脱水,用丁酮浸泡，一天后均匀分散，形成黏稠的加固剂原液。

固体含量测定：使用最小刻度为1g的电子秤粗略估计，固体含量为5.9%。

二　谷口区试验

试验选择在库木吐拉26窟西壁靠近外部的中部砂岩上，特点是砂岩和砂砾岩分层存在，表面部分风化严重，轻触就掉落。

1. 31J加固风化砂岩初步试验

（1）地点：库木吐拉26窟西壁靠近外部的中部砂岩，由于风化作用，砂岩破坏严重，表面约2厘米的以内轻微触动就脱落。

（2）试验块

试验块从外向内依次排列，中间留出间隔。

第一块

材料配比：31J——50mL，分散剂（丁酮：环己酮＝1:1）——200mL，采用600 mL的聚酯塑料瓶喷洒。面积为20cm×20cm。

第二块

材料配比：31J——50mL，分散剂（丁酮：环己酮＝1:1）——250mL，采用600 mL的聚酯塑料瓶喷洒。面积为20cm×20cm。

第三块

材料配比：31J——50 mL，分散剂（丁酮：环己酮＝1:1）——300mL，采用600 mL的聚酯塑料瓶喷洒。面积为20cm×20cm。

第四块

另外还采用更高浓度的材料进行砂岩和砾岩的加固，材料配比：31J——50mL，分散剂（丁酮：环己酮＝1:1）——150mL。试验地点分别在前三个试验块的内侧（砂岩）和试验块的对面（砾岩），面积分别为20cm×20cm。

材料喷洒完毕后，用塑料薄膜覆盖，减缓溶剂挥发。试验完成后，用保鲜膜将试验块覆盖。

（3）效果

四个试验块经过 2 ~ 3 天后，大部分溶剂已经挥发，砂岩得到固结。四个试验块的颜色与周围没有差别。其中第四块固结效果最好，触摸坚硬而未出现砂粒脱落。第一块和第二块效果和第四块效果相似，只有第三块触摸有少量砂粒脱落。说明采用合适的浓度对风化的砂岩有好的加固效果。

2. 硅丙乳液加固砂岩试验

（1）地点

库木吐喇 26 窟东壁靠近外部的中部砂岩和砾岩。其中前两块为砂岩，第三块的砂岩中夹杂有少量的砾石。由于风化作用，砂岩风化严重，表面砂粒轻触即脱落。

（2）试验块

在东壁的中部，三个试验块从内向外依次排列。

第一块

材料配比：乳液——50mL，用水稀释到 500mL。面积为 25cm×25cm。采用 600mL 的聚酯塑料瓶喷洒。

第二块

材料配比：乳液——100mL，用水稀释到 500mL。面积为 25cm×25cm。采用 600mL 的聚酯塑料瓶喷洒。

第三块

材料配比：乳液——150mL，用水稀释到 500mL。面积为 25cm×25cm。采用 600mL 的聚酯塑料瓶喷洒。

（3）效果

三个试验块经过 3 天时间，已经完全固结，表面坚硬，触摸没有砂粒脱落。试验块颜色稍有改变，但目测与周围部分难以区别。

3. PS 材料对砂砾岩的加固试验

试验地点在 26 号窟的西壁外部，砂岩中夹杂部分砾石。由于风化作用表层砂粒轻触即脱落。

PS 材料用水稀释，材料配比：PS：水 ＝ 1：3，共配制加固剂 2L。面积为 40cm × 40cm。材料采用聚酯瓶喷洒，完成后让其自然干燥。试验完成后，被加固的部分颜色没有改变，表面坚硬。

三 窟群区试验

1. 31J 加固砂岩试验

（1）1 号试验点

位置：在冲沟南侧的一处砂岩上，砂岩风化严重。位于 3 块试验点的左边。

使用浓度：31J 原液与丁酮和环己酮（丁酮：环己酮 ＝ 1：1）的混合液配比为 1L：2L。

使用：试验块面积为采用 40cm × 40 cm，共使用加固液 3L，时间为 25 分钟。

效果：试验块颜色稍暗，表面得到固结，强度高，触摸不出现脱落。周围有暗色斑块，是由于材料迁移造成的。

（2）2 号试验点

位置：在冲沟南侧的一处砂岩上，砂岩风化严重。位于 1 号试验点的左边约 50 厘米处。

目的：对 1 号试验点的浓度进行比较，试验材料用量和面积都很小。

使用浓度：31J 原液与丁酮和环己酮（丁酮：环己酮 ＝ 1：1）的混合液配比为 100mL：100mL。

使用：试验块面积为采用 20cm × 20cm，共使用加固液 200mL。

效果：试验块的颜色都稍有改变，固结好。

（3）3 号试验点

位置：在冲沟南侧的一处砂岩上，砂岩风化严重。位于 1 号试验点的左边约 50 厘米处。

目的：对 1 号试验点的浓度进行比较，试验材料用量和面积都很小。

使用浓度：31J 原液与丁酮和环己酮（丁酮：环己酮 ＝ 1 : 1）的混合液配比为 50mL : 150mL。

使用：试验块面积为采用 20cm × 20cm，共使用加固液 200mL。

北侧试验点

位置：在冲沟北侧转角的一处砂岩上，砂岩风化严重，部分被黄色泥土覆盖。

目的：由于 1 号试验点采用混合溶剂，颜色有所变化，本试验采用单纯的环己酮做溶剂，试图达到加固后颜色不变的目的。

使用浓度：31J 原液与环己酮的混合液配比为 1000mL : 2000mL。

使用：试验块面积为采用 40cm × 40cm，共使用加固液 3000mL。渗透深度约 7cm。

效果：由于采用了挥发速度很低的溶剂，试验块的颜色变化很小，与周围区别不大。固结强度高，触摸砂粒不脱落（见图版 6）。

2. 氟硅乳液加固砂岩试验

（1）1 号试验点

位置：在冲沟南侧的一处砂岩上，砂岩风化严重。位于 3 块试验点的中部。

使用浓度：氟硅乳液 300mL 用河水稀释到 3L。

使用：试验块面积为采用 40cm × 40 cm，共使用加固液 3L，时间为 45 分钟。

效果：试验块的颜色都稍有改变，局部有白色的结晶，是由于盐分在表面结晶造成的。被加固部分固结好，触摸不出现脱落。

（2）2 号试验点

位置：在冲沟南侧的一处砂岩上，砂岩风化严重。位于 1 号试验点的左边约 200 厘米处，3 号试验点的左侧。

目的：对 1 号试验点的浓度进行比较，试验材料用量和面积都很小。

使用浓度：氟硅树脂乳液 100mL 稀释到 1500mL。

使用：试验块面积为采用 30cm × 40cm，共使用加固液 1000mL，渗透深度为 2.5cm。

效果：试验部分得到固结，颜色稍有改变。

（3）3 号试验点

位置：在冲沟南侧的一处砂岩上，砂岩风化严重。位于 1 号试验点的左边约 200 厘米处，2 号试验点的右侧。

目的：对 1 号试验点的浓度进行比较，试验材料用量和面积都很小。

使用浓度：2 号试验留下的 500mL 氟硅树脂乳液稀释到 100mL。

使用：试验块面积为采用 30cm × 40cm，共使用加固液 1000mL，渗透深度为 2.5cm。

效果：试验部分得到固结，颜色稍有改变。

PS 加固砂岩试验

材料配比

采用 PS 原液和河水的配比为 1:3。共配制加固材料 5L。

试验点

在窟前区的大冲沟南壁的一处砂岩上，砂岩风化严重。

试验块面积为 40cm × 40cm。

共喷洒材料 3L，约 30 分钟完成，完成后检验渗透深度，约为 7 cm。

效果：试验部分得到固结，强度很高。表面出现白色，尤其是夹杂的砂粒，经过加固后都变成了白色，这可能是由于 PS 材料没有渗透进入岩体内部而在砂粒表面沉积而成。

第十一节 在其他材质文物加固保护中的试验和应用

一 山东青州柿园墓地彩绘加固的试用

2006 年初，在山东青州谭坊香山发现一座汉代墓葬的陪葬坑，发掘出土了上千件的彩绘陶器①，包括彩绘陶俑、陶马和其他的彩绘陶器，堆积有若干层。这些彩绘陶器除上层受压出现破碎外，多保存完整、色彩鲜艳。在这些彩绘陶俑中有些是直接彩绘的，有些经分析是先用漆衬底、然后彩绘形成的。

漆底彩绘陶器由于下部漆层经过多年的埋藏已经出现了老化，在发掘过程中出现了严重的翘曲现象。一些这样的彩绘陶器在出土后就开始出现彩绘的卷曲，从开始到脱落的时间非常短，只有几分钟时间。

为了保护这些珍贵的文物，在考古现场试图根据以往的做法保护这些彩绘陶器，分别使用了稀释的乳胶和聚乙二醇，但是均不能控制彩绘的卷曲脱落。

在无法解决问题的情况下，使用非水分散体材料进行了漆底彩绘保护的尝试。

非水分散体材料是丙烯酸树脂在有机溶剂中分散形成的分散体系，这种材料在潮湿土的加固和潮湿彩绘的加固中，都有好的效果。树脂中还含有自交联基团，可以在常温下交联形成新的胶结体系。本次试验施用的为一代 B 型的非水分散体材料 31J。

首先在一些残破的陶器上进行试验。采用稀释为 1% 的非水分散体材料 31J 在漆底彩绘出土后立即进行加固处理，然后缓慢干燥，干燥后发现彩绘没有出现卷曲现象，而未处理的部位全部卷曲脱落。试验结果证明这种材料有好的加固效果，然后在发掘

---

① 新华网：青州汉墓陪葬坑已出土彩绘陶俑 1500 多件，2006 年 8 月 7 日。

提取中开始使用这种材料。

在坑的边角有一件陶器，打开盖子后发现内部有一套完整的漆耳杯，耳杯涂红色，彩绘完整、无污染，非常漂亮，但是在打开盖子后漆底彩绘马上出现卷曲的迹象，边角开始起翘。为了保护彩绘，马上用非水分散体材料对彩绘进行了处理，结果在提取后彩绘稳定，不再发生翘曲现象，彩绘的颜色也没有改变（见图版7）。

至于非分散体材料为什么对起翘的漆底彩绘有加固作用，原因分析如下：首先这种材料使用丁酮做溶剂，浓度低，黏度小，渗透容易，与水有良好的亲合能力，遇水稳定，很容易渗透到彩绘底部。另外，在器物的水分挥发前，丁酮已经挥发，非水分散体开始形成了固体的膜状物，对漆皮、彩绘和陶器表面进行了粘接作用，所以水分挥发导致的表面张力和收缩拉力得到了控制。

二　对表面附带泥土的彩绘的清理

2005 年西安市考古研究所在西安北部抢救性发掘一个墓地，出土了一批彩绘陶器。这批彩绘陶器出土后表面附着有一层黄土，清理困难。在剔除黄土的过程中彩绘也很容易被剔除，因此修复工作很难进行，剔除泥土的工作只能是使用手术刀一点一点地清理泥土，稍不小心就将彩绘一起剔除下来了。为了提高清理效率、保护彩绘，尝试使用非水分散体加固剂进行了试验。

使用的材料为31J 的二代加固剂。将稀释到1% 的加固剂将带泥土的彩绘加固，等溶剂挥发、材料固化后，采用竹签或者手术刀轻压带泥土的表面，或者是对表面泥土进行剔除试验，发现泥土成块脱落，脱落从泥土和彩绘的结合面开始，这样提高了清理速度。

但是清理中剔除的泥土也会带掉一些彩绘，这是因为彩绘泥土结合的紧密程度大于彩绘本身的强度以及彩绘和陶器结合的强度。

使用加固材料后效率提高到原因是：材料渗透进去后从外到

内都有固结和加强。彩绘因为本身胶结物老化，本身强度最低，因此难以清除泥土，加固后其强度增加，而且彩绘和陶器的结合也得到了增加。这时清理泥土即使使用较大的力量，彩绘也不容易脱落了。

第十二节　采用非水分散体材料复制金沙考古遗址剖面①

在考古遗址的展示中，经常遇到对一些部位的修补或复制，如一些在发掘中因各种原因去掉的部分，为了展示的目的需要恢复，或者是遗址长期展示受到破坏后需要恢复，都需要采用复制的技术。

在四川成都金沙遗址的陈列展示中，也遇到了这样的问题。金沙遗址祭祀坑的东部侧壁是一个高近4米的陡壁，在修建博物馆时被拆除换成了混凝土墙，表面用水泥做装饰。由于水泥是现代材料，与遗址坑内沉积土的颜色和质感差别很大，影响展示效果，因此需要对混凝土的表面进行修饰，复制出具有土的质感的剖面。为了解决这个问题曾尝试使用泥浆复制，结果开裂严重，内部的铁丝锈蚀显出锈色，效果很差。使用了非水分散体材料31J的二代材料，成功地解决了这个问题。

一　材料选择试验

复制泥土质的剖面，只有使用泥土材料才能达到最佳的仿真效果，而使用什么材料将泥土粘接在水泥的底材上，是解决问题的关键。采用水调制泥浆是常用的方法，但是导致开裂，补救的办法是对裂缝进行多次的修补，或者是在泥土中添加麻纤维等控制收缩。也有使用清漆混合泥土进行复制的，结果是颜色加深

①　金沙遗址剖面复制工作于2007年金沙遗址开馆前完成，成都文物考古研究所白玉龙、杨颖东参与完成工作。

严重。

为了解决这个问题，使用丙烯酸树脂的非水分散体材料，这种材料加固土具有不变色的特点。首先进行了对比试验，选择水、聚氨酯和乳液等作为对比材料。

试验中使用的水为自来水，乳液为 BC—4431 丙烯酸树脂乳液，使用时稀释 10 倍，聚氨酯使用普通的聚氨酯清漆，稀释 10 倍，非水分散体材料使用 31J 材料（二代），固体含量为 2%。

修复材料的作用是复制剖面，要求是不收缩开裂、与底材结合好、不改变颜色。为了判断所选材料是否符合要求，设计了收缩试验及与底材结合试验等。并制备了样品，在样品固化后进行了检验。

1. 样品制备

收缩检验样品：将取自北京昌平的次生黄土粉碎、干燥，然后分别称取 200g 的干土，分别添加水、乳液、聚氨酯溶液和 31J 加固材料，调配均匀倒入塑料盒中，然后使自然干燥，检验收缩开裂情况。

结合力检验样品：将取自北京昌平的次生黄土粉碎、干燥，然后分别称取 200 克的干土，添加水、乳液、聚氨酯溶液和 31J 加固材料，调配均匀，为了避免收缩，尽量少使用液体材料。将平整的水泥地面清洗干净，准备一个圆形无底模具，贴近水泥地面，将调好的材料倒入模具中压实，使自然挥发溶剂材料固化。为检验效果，在每个样块中插入一小竹签。

2. 效果检验

（1）土混合材料收缩检验

土混合材料在液体材料挥发完毕后，检验收缩开裂情况，发现水、乳液调出的混合材料干燥后出现大的开裂；使用聚氨酯材料调配的混合材料有小的裂纹，而采用 31J 材料调配的混合材料在干燥后不出现开裂，说明采用 31J 制作的混合材料具有好的抗收缩能力。

（2）与底材结合检验

土混合复制材料在液体材料挥发完毕并固化后，检验与底材结合情况。

检验的方法是拉动预埋的竹签，观察干燥混合复制材料的反应。经过检验发现水、乳液调出的混合材料在拉动竹签时被整体拉起，说明与水泥底材的结合很微弱；使用聚氨酯材料调配的混合材料在拉动竹签时被破坏，出现局部破裂，而采用31J材料调配的混合材料在拉动时竹签被拉断，而混合复制材料仍稳定而不脱离底材，说明它与水泥底材的结合最好。

另外采用工具将混合材料从底材上剥离时，发现聚氨酯材料的样块很容易剥离，而采用非水分散体调制的样块在剥离过程中被破坏，底材上仍附着很多的样块残余。

（3）颜色变化

以上2个试验的混合体，在干燥后观察颜色变化，聚氨酯材料的颜色与空白样品有很大差别，明显发暗，31J材料配制的材料有轻微差别，而乳液配制的混合体没有颜色变化。

结论：采用31J材料与干土混合形成的复制材料具有不收缩，与水泥底材结合好，颜色变化小的特点，适合做复制材料。

二　材料的施工

在以上试验的基础上，在金沙现场进行了施工。

1. 水泥底材处理

金沙遗址展示坑的东壁原为水泥制作的墙体，表面粗糙。复制前将水泥底材的表面清理干净，然后挂钢丝网起支撑作用，采用钉枪固定。

2. 材料准备

（1）土的准备

复制的土剖面应该与附近的遗址颜色材质接近，因此选用金沙遗址发掘坑清理出来的土。在初步实验中发现土含水时容易导致出现裂纹，因此使用的土采用100℃～150℃的温度烘干。

（2）31J的准备

31J非水分散体材料在实验室制备，然后在现场进行稀释，稀释的固体含量为2%，然后使用。

（3）材料调配

将干土和31J材料混合，材料的配比原则是31J材料尽量少用，以调制的复制材料具有一定塑性，可贴到水泥墙上为准。

3. 初试

首先进行初步实验，复制材料使用普通的装修工具施工，和普通的粉墙操作一样，经过实验发现几个问题：31J用量大，容易收缩，土含水容易开裂，使用丁酮喷洒水泥底材提高结合力，甚至可以不用挂网。在发现这些问题并改进后，复制材料可以很容易施工到水泥墙面，而且不开裂、结合好。

4. 施工

复制材料使用普通的装修工具施工，对挂网部分用泥托托住材料，然后用工具将材料压到墙体上，由于材料有流动性，操作很容易，问题是钢网与墙的空隙大时，钢网容易弹起将材料顶掉，因此钢网必须牢固固定，距离墙体要近。后来发现不使用钢网，将材料铺施的厚度降低仍有好的效果，就不再使用钢网，因此在150平方米的施工面积中，一半挂网，一半不挂网。由于溶剂挥发快，因此材料施工完成后很快固化。

5. 效果检验

在施工完成后进行检验，检验的指标有：颜色、强度等指标。

（1）颜色测量

试验仪器：COLOREYE XTH手持式测色仪；设定值：光源D65，标准CIELAB。

试验方法：调零后以金沙遗址的原生土作标样，测试原生土，再测量复制的土墙，对比数值。试验数据见表6—14。

表6—14　复制墙体与遗址的颜色对比

对象		原生土高处	原生土低处	复制土墙
数据1	L	172. 1	170. 4	169. 3
	a	185. 6	188. 1	188. 4
	b	−164	−165	−164
数据2	L	174. 5	168. 4	167
	a	182. 5	189. 9	190. 8
	b	−163	−166	−166
数据3	L	165. 7	168. 3	166. 3
	a	192. 8	189. 4	191. 8
	b	−169	−164	−167
数据4	L	175. 2	169. 9	169. 5
	a	186. 5	188. 3	188. 0
	b	−164	−164	−164
数据5	L	172. 3	167. 9	168. 0
	a	186. 4	188. 4	189. 5
	b	−163	−163	−166
数据6	L	170. 1	169. 4	166. 8
	a	188. 2	188. 8	190. 6
	b	−164	−165	−166
数据7	L	169. 7	169. 5	167. 4
	a	189. 1	187. 4	190. 0
	b	−165	−162	−165

续表

对象		原生土高处	原生土低处	复制土墙
数据8	L	169.0	166.6	167.5
	a	189.0	192.1	190.5
	b	−165	−169	−166
数据9	L	162.9	172.7	165.2
	a	195.9	185.9	189.2
	b	−170	−165	−164
数据10	L	168.8	172.1	166.0
	a	189.0	186.5	191.0
	b	−165	−163	−165
平均值	L	170.03	169.52	167.3
	a	188.5	188.39	189.98
	b	−165.2	−164.6	−165.3

　　试验结论：复制的土墙和原生的遗址土颜色很接近。从外观看土墙明度与原生土相比略暗一些，色品上土墙比原生土略红。

　　（2）强度检验

　　强度的检验采用喷淋试验进行。这是土体处理后强度检验的常用方法。

　　试验方法：用普通喷壶加水，压力调整到最大，喷射试验点。喷射距离70厘米，喷射时间一百秒。然后观察土体前后变化，以及水流在土体表面状态。

　　试验结论：被喷射的土体表面没有任何变化，没有冲刷痕迹，没有掉粉现象。水流在土体表面浸润性差，呈水珠状附着，流淌处无浸润现象，说明复制的土剖面强度很高，有很好的耐水性。

（3）其他

在复制完成后不断观察，发现复制的剖面没有开裂现象，敲击检验没有发现空鼓现象，说明这种材料在复制土剖面时不会出现像泥浆那样的开裂，也不会与底层材料脱离。

三　总结与讨论

采用非水分散体材料 31J 可以很好地复制考古遗址的剖面，为在考古遗址中复制遗址剖面提供了一种新的方法。复制的墙体经过检验，说明颜色与遗址接近，感官效果好，有好的强度。目前遗址已经经过了多年的展示，复制的剖面状况良好，没有出现问题（见图版 8）。

在金沙遗址剖面的复制中，对土进行烘干的过程中土出现颜色改变，由青变红的现象，这是可能由于土中含有铁元素导致的，烘烤中温度过高，导致了元素价态变化。在以后的复制中，一定要注意土的烘干操作，可采取降低温度的措施，也可在光线下晒干。

在复制中由于时间紧迫，没有对剖面地层的分层情况进行模拟复制，如果采用不同地层的土分别制作复制材料，加上施工中的认真操作，完全可以达到逼真的效果。

第七章　土遗址保护材料研究及土遗址技术保护

第一节　保护材料研究的回顾与展望

在前文中对用于土遗址防风化保护的材料进行了总结，并讨论了它们的优缺点。经过几年的研究，并未取得新的突破性进展，这说明保护材料的研制是非常困难的。经过十多年的保护材料研究，对各种保护材料的特点和缺陷有了进一步的认识。

一　关于防风化保护材料

1. 以水为载体的材料

以水为载体的加固保护材料，在土遗址的保护中都有使土体微观结构产生扰动或破坏的问题，如导致土体内部膨胀性矿物的膨胀、松散土体内部颗粒的连接，在宏观上土体强度的降低以及风化，水分难以挥发造成的湿度提高和相应的霉菌等微生物和生物的滋生繁衍，将土体内部的可溶盐携带到表面，改变外观，并促进表面风化。

水作载体，还有渗透速度低，渗透深度有限的问题。

以水为载体有以上缺陷，不少研究者为了克服缺陷，减小土体的膨胀和结构的松散，根据土壤化学的原理采用含有高价态金属离子的溶液取代水，这样可以减小土体中蒙脱石的膨胀，也使土体结构得到稳定，水中的崩解时间得以延长，如 PS 材料的研究就涉及这方面的内容。但是，高价阳离子取代低价阳离子如常

见的 Na^+ 被替代出来，成为自由离子溶解于溶液中，这些阳离子随着水分的挥发迁移到土体表面，在表面积聚并以盐的形式形成固体，成为土体表面变白的一个主要原因。

在常用的无机加固剂中，如氢氧化钙、氢氧化钡溶液，由于这些化合物的溶解度小，溶液浓度低，为了达到一定强度需要多次处理。

水玻璃体系在多数地区会出现发白现象，而且渗透深度多不能满足需要，另外最后所形成的刚性固体，对土体表面是有害的。

2. 以有机溶剂为载体的材料

以有机溶剂为载体的加固剂，首先由于材料价格高而使大面积的应用成为困难，因为土体加固不同于表面涂饰，只是表面一层用量有限，土体的加固需要一定的深度，而深度和成本是成正比的，几百平方米的遗址，经济上还可以承受，而面对几万平方米的大遗址，费用问题将是人们考虑的首要问题。

但有机溶剂做载体，特点是对土体的影响小，尤其是非极性的材料，对土体的影响是很小的。有机溶剂由于低的表面张力，对土体的渗透速度将高于水，另外渗透的深度也将超过水。

在有机溶剂做载体的加固体系中，有些遭到质疑，有些虽有缺陷，但是仍然在使用。

高分子树脂溶液已经受到大多数人的质疑，因为这类材料有强烈的外迁移问题，致使材料在表面积聚而内部很少能得到加固，虽然采用高沸点的溶剂和混合溶剂可以有些改观，但总体上说，改变不大，在土体加固中一般不用，而用于小体量的陶类文物的加固。新型的氟树脂也会出现这个问题。这类材料加固效果不好可能与树脂分子链缺少极性的基团有关，没有极性或能与土中矿物颗粒的某些键起作用的功能基团，那么这些高分子在进入土体后将不与土体发生作用，因此在溶剂挥发的过程中将随着溶剂迁移，即使是留在土体内的部分，也仅以固体在土体的空隙里面悬浮或微弱地粘连着，因此无法起到加固土体的作用，这是这类高分子树脂的缺陷。如果能研制具有与土体中矿物颗粒有化学吸附的极性基团或交联基团的材料，有希望达到好的加固效果，根据不同的土体需要选择不同的材料。

正硅酸乙酯—乙醇水解体系做加固材料，是得到肯定的，但是经过试验发现要达到好的应用效果，需要掌握合适的条件。在土体干燥条件下加固，然后在潮湿条件下固结，效果很好。如果固结条件不好，如环境湿度低，封闭不严，则最后材料挥发很多，得不到加固效果。为了促进固化，需要提高湿度，另外可行的办法是添加水解促进剂。

正硅酸乙酯体系在潮湿条件下水解，不像有些研究者认为的是水解太快不能使用，可能是因为使用的土遗址含水量太高。在一定含水量的情况下，水解是充分而有效的，但是低温对水解的进行不利。另外高湿度下的应用，会出现微白色的区域，这是因为在材料表面的集中水解导致了表面的硅类结晶。这类材料的另一个缺陷是固结后的刚性，这种缺陷在冻融试验中表现最为明显。

为了克服这个缺陷，国外公司开发了柔性的有机硅材料，如Remmers 的 R300 和 500E，而后者称为弹性的硅酸乙酯类加固剂，但是检验它所成的膜，发现仍然是脆性的，坚硬、脆性而没有柔韧性仍然是这类材料的缺陷。由此看来试图单单使用一种材料来解决问题是困难的。

使用有机溶剂可溶的无机化合物来解决土遗址的加固保护问题，是另外的思路，有机溶剂对土体的结构稳定性没有多大的破坏作用，而无机的材料具有耐候性，从理论上是完美的，但是材料的溶解度，材料的使用性能，材料的应用效果，都是需要研究的。

二 关于保护材料的要求

土遗址保护材料的要求，是需要认真探讨的问题，因为保护材料的要求是选择研制保护材料的指导思想和行动指南。

保护材料的要求，根据多年的研究发现以下几个方面是需要注意的。

（1）从外观上讲，加固剂应尽量不改变遗址的外观。外观是指遗址的外部感观，这些包括颜色、光泽、形状等。外观是文物的重要指标，但是关于外观也有很多的不一致意见，从客观上讲，遗址的外观从发掘完成，然后逐渐经过与外部环境平衡后，土体的含水量等与周围环境达到了互动式的平衡，而环境的破坏还没有太大的影响，即风化还没有发生，而降尘没有产生影响、霉菌也得到有效控制。外观是随条件改变的，比较明显的是含水不同导致的颜色变化。

加固材料对外观的改变，大致有两种情况，一种是使颜色变白，如水玻璃在潮湿条件下的表现；一种是有机树脂导致的颜色发暗，亦即使颜色变得如同含水量增加而加深的效果，相比之下，后者比较容易得到接受。

一般情况下，添加材料总要改变颜色，要求应该是尽量不改变，而不是不改变。轻微的、些许的改变，应该是可以接受，也应该接受的。

（2）加固剂对土体应该有稳定作用，这种稳定指对土中的膨胀性矿物有稳定作用，减小或缓解对外部各种因素作用的敏感程度。对土体有影响的外部条件有温度变化、湿度变化等。

减小对温度的敏感，即减小受热膨胀、受冷收缩，这个变化是不容易控制的，控制外部的温湿度即环境控制方法可以解决热造成的风化。但是如果经过某些材料处理后各种组成土的矿物颗粒，尤其是收缩膨胀比较强烈的颗粒变化减小，这样就可以减缓物理风化的破坏。从理论上说，这种材料应该是一种隔热材料。

减少湿度变化的影响，是比较容易实现的，如在工程地质上采用的对蒙脱石有稳定作用的化合物，PS 材料对蒙脱石的稳定作用，本研究中采用的 NT 类阳离子表面活性剂，国外建筑保护的公司也开发相同功能的材料，如 Remmers 公司的科研人员也在开发对土中不稳定矿物起稳定作用的材料，这些材料的目的是抑制膨胀性矿物遇水的变化，不但在土体保护中可以起到保护作用，在石质保护、陶器保护中都会起到一定的作用。

（3）控制或缓解盐类结晶造成的破坏：缓解盐类结晶对土体的破坏也是需要的，因为土体中一般都含盐，盐类在土体毛细孔中的结晶产生膨胀压力，减小膨胀压力、改变结晶形式是人们现在非常关心的问题。

（4）恢复土体的内部连接：风化的土体，从微观上看就是原来紧密的内部连接变得疏松，颗粒之间的连接减弱或消失，颗粒之间的距离增大甚至颗粒脱离。

为了控制风化的进行，就应该从微观上对土体进行结构恢复，这种恢复就是恢复颗粒之间的连接。

能够使土体颗粒之间连接起来的方法，比较可行的就是在土体内填充一些材料，这些材料可以在土体的颗粒表面或颗粒之间形成固态形式的物质，这些物质与土体可以化学的、物理的、机械的等方式连接，使松散的颗粒连接起来。

（5）赋予土体一定的机械强度，抵抗机械作用的破坏，这些机械作用包括土体内部的应力，外界的冲击力和压力等。

能够恢复土体的内部连接，就能使土体从宏观上增加结构稳定性。

这种结构的稳定性首先表现为强度，即土体从感官上抵抗外界力的作用提高。从材料学角度，材料处理后的土体其受到破坏的最大载荷应该得到提高。

但是强度的提高并不是唯一的，材料还应该赋予土体一定的韧性，即在外力作用下，能够变形的能力，这种特性对土体来说非常重要。按照要求，材料处理后的部分，其受热或受力作用下的变形能力应该与内部土体是一致的。非常刚性的结果，使内外土体在外界环境的作用下互相分离，受处理的外层整体脱落。

（6）材料应该有一定的渗透深度，并不在被处理土体和内部土体之间形成明显的分界线。

（7）材料应该有一定的透气性，使水分能够通过。用在土遗址上的材料，要从遗址的角度考虑，由于土体下部或内部总有或会有水分的存在，这些水分的挥发就需要一定的通道。

（8）少的使用量，高的使用效果。少的使用量可以减少对土体产生影响，也可以使同样的处理，能够更多次地进行。

（9）在外界环境中对光、热老化有好的抵抗能力，既耐久性好。

好的耐热、光氧化能力，是材料能够长久使用的关键。

但是用在遗址内部的材料，受光、热氧化的作用是因条件而异的。

渗透到土体内部的材料，渗透深度一般要求穿透风化层，这个厚度一般在 10cm ~ 20cm 以内，而土体受到光线作用而发热，内外的温度是有差别的，外部温度最高，向内逐渐降低，因此外部材料的热老化严重，但是热的传导甚至可以达到 10cm 以外，因此对材料的抵抗热老化的能力就应该比较高。

光线对土体的穿透能力是弱的，只能在表面产生作用，然后转化为热或被反射，因此对进入土体内部的材料，抗光氧化的要求应该适当降低，只在表面用有耐光老化的材料，或在外层使用添加紫外线吸收剂等材料。

（10）尽量少地影响以后材料的应用，这些要求是：材料尽量不堵塞土体内部的空隙，不改变土体的表面特性，如表面张力等。

从以上的讨论，说明采用加固剂这个名称，已经不能完全代表材料的功能。保护土体，对应用的材料要求是多方面的，因此应该将加固剂改为土体防风化保护材料。

需要指出的是，过多地依赖加固材料是有害的，不利于采用其他手段对文物进行整体的全方位的保护，这对遗址保护是不利的。

过高地要求保护材料，对文物保护也是有害的，这样会使可以起到效用的材料不能使用，结果使可以保护的遗址受到了不应有的破坏。

另外还应该对遗址类文物遗迹的保存年限进行研究，如果材料的应用能使遗址的生存年限延长，都是应该得到肯定的。

第二节　土遗址的病害及保护的总体思考

在我国广大的土地上分布着许多文化遗址，从旧石器到近代都有。这些遗址有的已经被发掘，有的已经成为准备发掘的对象，而更多的还埋藏在地下不为人们所了解。考古遗址作为文物，具有科学性、历史性、艺术性，是见证人类物质文化发展的重要实物例证，为了让更多的人认识、了解与研究这些文化遗址及其代表的文化，就需要对它们进行保护、展示。

考古遗址不同于发掘出土的文物，它们一般体量较大，不易搬迁。即使有进行搬迁的情况也是不得已而为之，且只能对其中的部分或单元（如窖穴）进行搬迁，而且在搬迁后失去了原周围环境，使展示效果受到一定程度的影响。因此考古遗址的原地保护与展示，是最佳选择。

考古遗址的原地保护牵涉到许多的问题，包括社会的、管理的、技术的问题。关于遗址保护的技术问题，是本研究扩展必然涉及的问题，也是确保化学保护能够达到最好效果必须要涉及的内容。

遗址的原地保护，需要进行认真的规划、设计，在此基础上制定合理的保护方案，然后按照规划实施。

现场展示涉及的内容较多，保护工作的内容大致如下：对遗址进行整体规划，修建保护房，设置展览设施等。为了使遗址能够更好地展示，有条件的话还要对遗址本身进行一些保护。

在我国就地展示的遗址为数不少，如著名的秦兵马俑遗址博物馆、半坡博物馆、大河村遗址博物馆等。这些遗址博物馆多数建立于20世纪60~80年代，已经经历了20~40年的历史，有效地展示了中华民族的远古文化成就。但是目前这样展示的一些遗址，在保护上仍然有很多问题没有解决，以半坡遗址为例，就出现了表面风化、脱落及降尘覆盖等问题，因此对现场展示中的保护问题，需要进行认真的研究。

一　土遗址的病害及引起病害的原因

1. 土遗址的病害

从对不少遗址的现场调查看，大致有以下病害：

（1）收缩开裂：收缩包括纵裂与横裂。多数遗址在发掘过程中或发掘后不久，就会出现开裂现象。开裂一般分为两种，一是平行于探方边缘的开裂，这种开裂会导致坑壁坍塌，在多数遗址的发掘过程中都会出现，尤其是土质含水多，探方深的情况；另外一种开裂是垂直于探方边缘，或隔梁边缘的。开裂严重危害着遗址的安全并影响展示效果。

（2）表面酥松脱落：许多遗址会出现这种情况，表现为遗址的侧壁表面由发掘完成后比较清晰变为模糊，逐渐出现小的土壤颗粒脱落，在侧壁底部堆积。如果在侧壁有古人遗留的工具、活动痕迹，那么这种变化会使之逐渐消失，考古遗迹的消失损坏，大大损害了遗址的展示效果。而遗址的平面部分也会出现同样的现象，影响遗址的展示效果。

（3）白色盐类结晶：通常在遗址底部靠近地面的部分会出现这种现象，严重的整个遗址都会出现。表现为表面泛白，比较严重的盐类结晶，还会导致遗址表面的酥粉。

（4）霉菌苔藓等滋生：潮湿的遗址经常会出现这种现象。在潮湿的遗址表面出现白色、灰色或灰黑色的霉菌，覆盖遗址的表面，厚度可达数厘米（如秦陵六号坑刚发掘后）。也有绿色的苔藓，覆盖原始表面。在有些情况下甚至有草类的生长。

（5）灰尘覆盖：经过多年展示的遗址，多数会出现颜色改变的情况，变得发黑发暗，使人们不能看到真实的、发掘完成时的遗址情况，给人们一个不真实的、错误的印象。

所有这些破坏，都与遗址的自身特点及遗址的外部环境有着直接或间接的联系。通过对以下因素的分析，可以了解病害的根本原因。

2. 考古遗址病害的原因

（1）考古遗址本身的特点：多数情况下，考古遗址是以土为主体形成的，间或会有一些石、陶或木的构件。土作为地表岩石天然风化产物的堆积物，从物理化学的角度看，成分复杂，结构疏松，具有表面积大、吸附能力强的特点；从水理性质看，又具有易崩解的特点，属极易受外界环境影响、结构稳定性很差的复合体。而由土组成的古遗址，同样具有易受外界环境条件影响的特点。在古遗址病害的分析中，值得注意的本体影响因素是土的成分、结构，土壤含水量及土中可溶盐的含量及分布等。

（2）环境因素：古遗址本身具有不稳定的特点，而所处的环境又是人们不易控制的自然环境。人们无法选择古遗址的自然地理环境，只能被动地接受它。比如昼夜温差变化巨大的西北地区，含水量非常高的南方地区。人们可以花费巨大费用来控制小的居住或办公的环境条件，但是在目前技术条件下控制大范围的气候条件是不能想象的，而且影响古遗址的外界条件又非常多。根据目前人们的研究，对古遗址有影响的因素大致包括如下几个方面：

a. 古遗址的地质环境：如该地区土厚度及分布情况，地下基岩的深度和种类；地下水的水位及变化，地下水的迁移运动情况等。

b. 气象环境：包括如下因素。温度：遗址内外年温度变化及最大温差、日温度变化及最大温差，不同部位温度的差异，低温情况如冬季的冻融等。湿度：年、日湿度变化及最大的湿度差，不同部位湿度的差异，内外温湿度的差异等阳光的照射情况。大范围天气变化：雨、雪、风、沙等天气情况。空气的清洁程度：如各种气体污染物的含量及日、年变化；粉尘的成分、含量及变化。

c. 周围的建筑、交通与工农业情况：交通运输和工业生产容易导致环境的污染，另外还会导致震动。农业生产会影响遗址周围的小环境。

3. 土遗址病害的分析

在对古遗址的病害及影响因素分析的基础上，我们可以找出古遗址破坏产生的机制和主要的影响因素。

（1）收缩开裂：收缩的纵裂与横裂。由于土壤具有颗粒细小，比表面积大，吸附能力强的特点，在接触水分后会迅速吸收，根据吸收水分多少的不同，土—水混合体产生不同的状态和性质，如流塑态、可塑态、半干硬态和干硬态等。土壤具有遇水膨胀，失水收缩的特点，这种吸水—脱水过程又是不可逆的。遗址被发掘后就开始与空气接触，由于空气的含水量低，加上空气的流动，导致土体中的水分蒸发、土体收缩，这种收缩是导致土体横裂的主要原因。对于纵裂，水分挥发导致的收缩只是一个方面，重要的是土体的卸荷应力造成的。卸荷是由于遗址发掘造成土内的应力分布不平衡而产生的。通常情况下，土中的任一点，其受力是平衡的，来自各个方向的力互相抵消，而在被开挖的垂直坑壁面上，上下的力是均衡的，而由土体内部向外的压力没有被平衡，因此导致土体具有向外向下移动的倾向，产生开裂。土体的收缩开裂是目前难以解决的问题，在这种现象里水分的作用是不可低估的。

（2）表面酥松脱落：表面酥松主要有两种原因，一种是温湿度变化导致的，另一种是由盐类导致的。从显微结构看，土体是由许多大小不同、形状各异的矿物颗粒组成的。土体中各个颗粒的连接，通常依靠土壤黏粒形成胶膜、土壤中的盐类在颗粒之间结晶（如碳酸盐的次生沉积、硅酸盐的次生沉积）形成连接实现，有机物在土壤团粒的形成和土壤结构稳定中的作用也很明显。在新开挖的土体表面，结构是比较紧密的，但是暴露在大气环境中的原始表面，在外界环境的作用下会逐步发生变化。其中湿度的影响是明显的，如一天中在绝对含水量不变情况下，白天温度高，相对湿度会下降，而晚上相对湿度就比较高。湿度的变化会对土壤中吸附水分能力强的颗粒产生如下影响：湿度高时吸水膨胀，湿度低时又脱水收缩。这些颗粒的收缩膨胀，对周围颗粒产生压力与拉力，导致土体颗粒之间起连接作用的胶结物破碎，连接受到破坏，颗粒之间的距离不断增大，最后某些颗粒失去与土壤块体的最后连接而脱落。这种现象由于湿度日变化（增加—减小—增加）非常频繁，因此非常容易在短时间内造成明显的破坏，如钧窑遗址的窑壁，经过一二十年的展示，古人留下的工具痕迹逐渐消失，至今已完全找不到了。

另一种破坏是由于湿度周期变化，导致土体内部盐分的循环结晶与溶解，这种结晶—溶解过程在土体颗粒之间的孔隙内进行，结晶对土体产生巨大的压力，导致土体的破坏，颗粒的脱落。这种现象在环境湿度围绕盐类的饱和点变动的情况下最具有破坏作用。温度突然降低造成的水分在土体表面的凝结，低于零度以下时水分在表面的结冰也产生同样的破坏作用。通常情况下土体中都含有盐，如中溶盐、易溶盐等。低含量的盐类不会造成明显的破坏，最为可怕的是盐类在遗址表面的富集。富集作用是由于遗址底部有水源，可提供不断上升的水分，水分溶解土体中的盐分或本身就带有盐分，并由于空气的干燥而向表面迁移。当含盐水分迁移到表面后，水分挥发，盐分就在遗址的表面结晶。形成白色的物质，影响外观，并在湿度变化的作用下导致表面酥粉。如果水分在未到达表面的某个固定位置就挥发了，盐分将在此处结晶，在湿度作用下导致土体表面呈块状脱落。土体内盐分迁移和破坏作用的情况，在与水分接触的石质或陶质上同样也会发生。

（3）霉菌苔藓等滋生：霉菌、苔藓等的产生，主要是以水分的存在为条件的。

（4）灰尘覆盖：灰尘来自空气中的固体漂浮物。

根据以上的分析，对古遗址造成病害的主要原因是：温度变化、来自于空中、地下的水分、在水分作用下的盐类的富集、霉菌的生长、空气中的降尘。在众多因素中，水的作用是最突出的，它本身可以对遗址产生破坏，同时也可以与其他因素协同作用产生破坏。

二　治理病害的措施与方法

由以上的论述可见，土遗址的病害是多种多样的，病害的原因也是多种多样的。因此治理病害的方法也应该是多种多样的。

要治理病害，首先要对病害的情况进行调查，弄清原因，并根据原因制定相应的对策。目的明确后，凡是可以用来解决问题的手段都要考虑，然后根据应用的难易程度、经济状况决定具体的保护方案。

保护方案应该以文物的安全为目的，并根据实际情况，做到切实可行。

根据病害的原因，从国内土遗址保护的成功经验来看，保护的手段有：

1. 保护房的建设

（1）作用：阻挡阳光的直接照射，减少光线对遗址的直接照射，避免高温和温度急剧变化造成的破坏；遮挡雨水对遗址的直接冲刷，减小遗址的湿度变化；减缓风沙对遗址的机械性破坏。

（2）要求：对于现场展示古遗址的保护，建立保护房是人们的共识。但对保护房应有特殊的要求，不是任何结构的房屋都可以用做保护房的。

保护房除了要在人文上与遗址本身特点和周围环境相协调

外，为保护古遗址在技术上还应该满足以下要求：

a. 能控制光线：光线的直射导致遗址表面温度提高，紫外光还对现场展示的多种文物有破坏作用。但是完全的人工采光需要很高的成本，因此既能使用自然采光，又不对文物造成损害是人们设计保护房需要考虑的一个方面。

b. 能控制温湿度的剧烈变化：温度的剧烈变化可导致古遗址的损害，如引起结构材料的收缩膨胀，急剧降低导致湿度提高甚至遗址表面结露，造成表面风化等。采用构筑保护房的方法可以使小范围内的温湿度受到控制，不像外部环境那样剧变而是缓慢的、小幅度地变化。当然保护房越是条件好，控制温湿度的能力越强。如安装空调设备就可以达到人工控制温度。但是任何保护都要根据实际情况，尤其是经济条件。需要注意的是，保护房的建设不能直接搬用工业与民用建筑，如兵马俑二号坑发掘前就建设了保护房，但是调节湿度的能力差，在遗址发掘后出现过度潮湿使遗址上霉菌蔓延，带来了不必要的麻烦。如果能考虑到这一点，提高建筑的通风能力，情况可能会好得多。

c. 能控制空气污染物的影响：许多的遗址都有降尘的问题。降尘掩盖了原始的遗址，对文物还有破坏作用。为了控制降尘，有些博物馆在遗址的上部另外添加了玻璃罩，大一些的遗址，只能采用人工清扫的办法，但是经常的人工清扫，使遗址表面层受到破坏，尤其是风化的表面层使清扫不能进行。细小的灰尘往往以比较紧密的形式与遗址表面结合，用扫把清扫难以奏效。因此控制灰尘侵入遗址是保护房设计需要考虑的问题。在门窗上加装滤网过滤空气、在入口处设置地毯，让游客更换使用专门的鞋等。降尘的影响使对土体进行表面加固显得更为必要，因为加固可以使表面得到固结，使降尘不易吸附而容易清除。

保护房的建设，在气候条件恶劣的地区更为重要。如辽宁凌源的牛河梁遗址，在20世纪80年代中期发掘后，至今已有多年，经过对遗址上石块的观察，发现有些石块在发掘时是完整的，而现在已经碎裂成多块。这是因为当地的气候变化迅速，冷热变换频繁，昼夜温差大等原因。在夏天，白天的温度很高，石块表面膨胀，而暴雨来临，石块表面温度骤降，由降温导致外部收缩，这种收缩受到内部的抵制，造成破坏。

2. 地下隔水层的构筑

（1）作用：由上述的讨论可见，水分是导致遗址破坏的重要因素。构筑地下防水层的目的，就是要控制地下水、地表径流对古遗址的影响。

（2）构筑方法：构筑地下防水层的方法大致有几种。

a. 挡水墙：在遗址周围的地下构筑一道隔水墙，可以防止地表径流渗入遗址，还可以阻止地下潜水对遗址的渗透。要求是必须首先对遗址的地下情况进行勘探，以确定防渗墙的有效深度。对防渗墙在遗址周围的布置，也要在了解遗址周围的地势，地表径流的走向及地下水情况后进行相应的设计。

b. 拱券法：在地下水位距遗址的垂直距离允许的情况下，可以采用在遗址下部构筑拱券的方法隔水，这种方法在国内已有成功的例子。但对南方地下水位高的古遗址，困难较大。

c. 灌浆法：是采用机械的方法把化学浆材灌注到遗址下部一定深度，形成隔水层。采用的化学浆材通常有水玻璃、甲凝浆材、丙凝浆材、环氧浆材等。灌浆方法在工程地质中普遍应用，但在古遗址保护中应用不多。除了浆材在工程地质中使用的缺陷如毒性高、控制困难外，由于对古遗址的保护要求更高，使许多材料的应用受到限制。如对材料老化期的要求、对材料渗透能力的要求等都比较高，多数材料在黄土中的扩散半径太小，使施工变得非常困难。另外对灌浆施工也有限制，如工程灌浆使用的旋喷法等对地下结构破坏较大的方法，不可能在遗址保护中应用。因此，灌浆法在古遗址保护中有所应用，但有效的应用还需要认真的研究。

除了隔水外，采用暗渠排水，使水流到远离遗址的地方，或开挖防渗井降低地下水位也是常用的治水方法。

3. 土体的加固

在古遗址保护中，经常会遇到土体开裂的现象，开裂导致遗址的稳定性降低，因此需要治理。对于横裂，可采用锚杆的方法治理，如隔梁的稳定，在使用锚杆的同时，辅助一些钢板等固定表面效果更好，但要注意尽量少地改变文物原貌。对于纵裂，目前没有好的方法，为了展示效果采用具有粘接能力的黏土浆灌注填充或许是可行的方法。

4. 表面防风化的治理

古遗址表面的风化，需要采用多种手段治理，如治理地下水，控制温湿度的剧烈变化等，另外对表面进行化学加固也是比较有效的方法。加固用的材料有无机材料，也有有机材料。通常应用的有：（1）水玻璃：如高模数的 PS 在土遗址及砂岩上的应用；（2）正硅酸乙酯乙醇溶液：前者在后者中水解形成二氧化硅晶体，对表面产生加固作用；（3）聚氨酯类：如美国盖蒂研究所在美国新墨西哥州的试验；（4）丙烯酸树脂溶液：浓度高容易导致结壳，但低浓度并与其他材料混合使用也有效果；（5）丙烯酸树脂乳液：在某些遗址（如兵马俑一号坑）的使用，证明有一定的保护效果。（6）丙烯酸树脂非水分散体加固剂：是根据土遗址防风化要求开发的材料，在多处遗址的试用，显示出良好的效果。

化学加固的遗址，表面得到固结，防止了风化现象，也使对降尘的清扫变得容易进行。

5. 现场展示文物的保护

为了使人们获得最直观的印象，通常在古遗址原地展示一些发掘品。这些文物与遗址经历同样的环境条件的影响，因此如果遗址的条件不好，如地下水上渗，盐分在表面结晶，空气中的灰尘在表面吸附沉积，都会给文物带来损害。所以在现场展示文物，特别是发掘未完成就暂时停止进行展示，文物部分在土中、部分在空气中暴露的情况，对文物的损害是最大的。建议这样展示的文物先提取出来进行化学封护后再放回原地，这样可以减小对文物的破坏。

在以上工作进行的同时，还需要经常性地对古遗址展示区周围的环境情况进行监测，如温湿度、空气质量、震动噪声等情况，可能的话进行治理。

三　化学保护和工程技术措施的相互关系

土遗址保护是复杂的，牵涉面非常广，因此所采用的保护手段也是复杂的。

化学保护方法的主要作用是防止表面的风化。灌浆材料的应用也可以控制地下水的影响。

但是化学保护方法不是万能的，因为化学材料的保护作用，需要一定的环境条件才能达到最佳效果。

1. 化学材料的耐久性有限，任何的材料在室外的使用，都有耐久性的问题，外界条件越恶劣，材料的老化期越短。如果能够有保护房，则条件就好得多，光线、高温、雨水等都可以避免，材料的保护期就会更长。

2. 化学材料的效用有局限性，如光线阳光直射的破坏是严重的，采用化学材料只能缓解光线的作用，化学材料防水，对小雨可能是有效的，但是大雨的冲刷，好的化学材料也不是都能承受的。因此需要保护房的建设。

3. 化学材料的价格问题：有些化学保护方法，成本比建设一些保护设施，如防雨棚等要高。

因此保护房等的保护方法在许多情况下是可行的。

但是建筑性的保护也不是万能的，如许多的遗址修建了保护房，但是风化现象仍然不能控制，在这种条件下化学保护的手段是不可缺少的。

遗址保护作为一个大的工程问题，不是单一手段能够解决的，在保护工作中要全面考虑，单单依靠一种手段解决问题很难。

　　另外，要保护土遗址，不但要考虑展示的需要，还要考虑保护手段的可行性和有效性。

后 记

这本题名为《土遗址保护材料探索》的书是我的博士论文和博士后期间的出站报告合并后形成的，工作早在 1998 年就已经开始，完成于 2002 年，后期许多相关研究还在进行，但有些内容未写入书中。由于毕业后忙于各种保护研究和教学，出版的事情一直拖延到现在。

1996 年，在河南省博物馆工作的我听到北大考古系可以招文物保护的博士研究生后，进行了紧张复习并顺利通过考试。能进入北大学习要感谢赵朝洪先生、原思训先生的努力，同时感谢支持我深造的河南省博物馆的馆领导和部门领导。

研究课题起源于秦始皇兵马俑博物馆和北大考古系的合作，时任秦始皇兵马俑博物馆保管部主任的郭宝发先生希望我们介入秦俑的保护工作，为兵马俑遗址的保护做点课题。经过讨论和考察，选定我作土遗址的保护，因此我博士论文主要以兵马俑一号坑土遗址的保护为研究对象。期间多次的初步试验和材料的扩大试验，都得到了兵马俑博物馆领导的支持和帮助，在此表示感谢，也深深怀念已经离世的郭宝发先生。

博士后期间我仍进行课题的延伸研究，这些工作得益于许多文博单位的支持，如辽宁省文物考古研究所、阳陵遗址博物馆、中国社会科学院考古研究所等。

感谢黄克忠先生多次参加我的开题、论文评审和答辩，黄先生极力推荐在牛河梁遗址使用我研究的材料，并使材料得以得到现场进行试验。

感谢孙华老师对我的关心，他参加了我每次的论文评议、开题、中期检查和论文答辩，为我的成长付出了很大的心血。

感谢我在博士期间的指导老师原思训先生为我付出的努力。原老师思维敏捷，治学严谨，在研究中给我提出了很多好的建议，在困难的时候给我精神力量。我至今还记得原老师坐在保利艺术博物馆门口台阶上为我审看毕业论文的情景。论文在原老师多次认真的修改下，质量得到很大的提高，我自己的写作能力也得到了很大的锻炼。

感谢杨宪伟老师在多次现场试验中陪我克服各种困难，使试验顺利进行。感谢中国社会科学院李存信先生将材料使用于多处遗址的保护，为材料的实地应用提供了机会并积累了实地应用经验。

感谢我的研究生闫海涛和杨晨同学帮我进行文字和图片处理工作。

感谢父母多年来对我投身文物保护工作的支持；感谢我的妻子，在我读博士期间妻子任劳任怨，照顾老人、孩子和家里的大小事情；也感谢儿子，在学习上自觉、独立，让我将更多的精力投入到工作中去。

最后希望本研究得到土遗址保护的同行和朋友们的参与和评价，能够尽快为土遗址的保护服务。

周双林
北京大学中关园
2010 年 12 月

图版 1

秦始皇兵马
俑1号坑土
体的风化

郑州大河
村遗址的
风化

山海关老龙
头夯土城墙
的风化

图版 2

甘肃瓜州锁阳城
墙体的风化

景德镇御窑遗址
的土体风化

定窑遗址的窑炉风化

图版 3

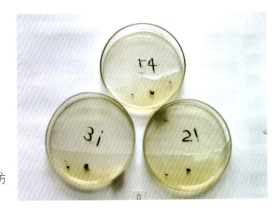

加固剂防
霉第1天

加固剂防
霉第3天

加固剂防
霉第7天

图版 4

加固土样
颜色变化

加固土样冻融前

加固土样冻融后

加固土样盐破坏前

加固土样盐破坏后

图版 6

兵马俑1号
坑实验

阳陵木痕加固
完成1年后

牛河梁遗址加
固实验效果

31J库木吐喇实验

氟硅乳液库木吐
喇实验

卷曲严重的漆皮彩

被保护的彩绘陶豆

图版 8

金沙遗址使用钢丝挂网涂泥的效果

金沙遗址使用非水分散体形成的剖面